交通运输行政执法人员培训系列教材

道路运输行政执法人员
培 训 教 材

北京中德安驾科技发展有限公司　编写

图书在版编目（C I P）数据

道路运输行政执法人员培训教材 / 北京中德安驾科技发展有限公司编著. -- 北京 ：星球地图出版社，2016.4

交通运输行政执法人员培训系列教材

ISBN 978-7-5471-2305-8

Ⅰ. ①道… Ⅱ. ①北… Ⅲ. ①公路运输－通运输管理－行政执法－中国－工作人员－技术培训－教材 Ⅳ. ①D922.14

中国版本图书馆CIP数据核字(2016)第060407号

道路运输行政执法人员培训教材

作　　者 北京中德安驾科技发展有限公司
责任编辑 江莹莹
图片摄影 王晓辉
装帧设计 杨媛媛
主　　编 杨瑞峰
文字统筹 李志丹　陈凌飞　张科婧　刘连美
策 划 人 王晓辉　盛　颖
出版发行 星球地图出版社
地址邮编 北京北三环中路69号　100088
网　　址 http：//www.starmap.com.cn
经　　销 北京中德安驾科技发展有限公司
销售电话 (010) 62091166转210　13501036721
印　　刷 北京金吉士印刷有限责任公司
开　　本 787毫米×1092毫米　1/16
印　　张 11
字　　数 265千字
版次印次 2016年4月第1版　2016年4月第1次印刷
定　　价 38.00元

前 言

随着道路运输行业的不断发展，道路运输行政执法需要处理的问题和涉及的法律关系也变得越来越复杂。道路运输行政执法面对的人员多，执法场所经常流动变化，执法时往往遇到取证难、送达难、处罚难等问题，甚至还会出现一些扰乱正常执法活动的事件。同时，我国法制建设的进步和百姓法律意识的提升，也对行政执法人员的执法行为提出了更高的要求，公平文明执法成为群众日益强烈的愿望。执法环境的复杂和不断变化需要执法人员不断提高业务能力和职业素质，为了增强行政执法人员的法律观念，帮助行政执法人员解决执法过程中的一些实际问题，提高执法水平和效率，我们组织编写了这本教材。

本教材分两部分，第一部分为法律法规篇，第二部分为规范执法篇。法律法规篇主要介绍了与道路运输行政执法相关的法律法规知识，包括《行政许可法》《行政强制法》《行政处罚法》《行政复议法》《行政诉讼法》《国家赔偿法》《道路运输条例》《道路旅客运输及客运站管理规定》、《道路货物运输及站场管理规定》、《道路危险货物运输管理规定》《交通行政许可实施程序规定》、《交通行政处罚程序规定》、《交通行政复议规定》等。规范执法篇主要介绍了实际执法过程中遇到的执法问题和需要掌握的执法规范要求。包括监督检查、取证、行政强制、行政处罚、行政执法文书制作等环节的基本规范执法要求。同时还介绍了道路客货运输、危险货物运输、机动车维修、机动车驾驶员培训、国际道路运输以及道路运输从业人员管理等领域中需要特殊注意的事项。

本教材最大的特点就是以案说法，全书在每一个知识点处都提供了具有代表性的典型案例，通过实际案例来分析讲解道路运输行政执法过程中每一个环节所涉及的基本法律法规知识和执法规范要求。教材在整体上直观、易懂和生动，贴近道路运输行政执法人员的工作实际。希望本教材在提高依法行政能力，规范行政执法行为方面能对执法人员有一定的借鉴作用。由于编者水平有限，书中难免有不妥之处，敬请读者批评指正。

编者

2016年1月

目 录

第一部分 法律法规篇

第二部分 规范执法篇

第一部分

法律法规篇

交通行政行为的法制化是十分重要的，没有交通行政行为的法制化，就无法要求行政相对人行为的法制化。因此，道路运输行政执法人员必须具备较高的法律素质，严格依法行政，做到适用法律正确、程序合法、证据确凿、裁量公正、执法文书规范，从而实现运政执法工作的公平公正，得到群众的理解与支持。

第一章　政策法规及标准规范

法律只有在执行后才能起到规范人们行为的目的，否则就是一纸空文。运政执法人员作为法律的执行者，一方面要用法律去衡量行政相对人的行为，另一方面还要用法律来约束自身的执法活动，这两个方面都要求运政执法人员具备扎实的法律基础知识。

第一节　行政法和道路运输法律体系

我国的法律体系主要包括宪法、法律、行政法规、地方性法规几个层次。宪法是国家的根本法，具有最高的法律效力。法律由宪法统领下的七大部分构成（见下图），作为我国法律体系的七大部分之一，行政法与“根本法”宪法关系最为密切，调整的范围与人民群众的生活息息相关，在整个中国特色社会主义法律体系中占有举足轻重的地位。

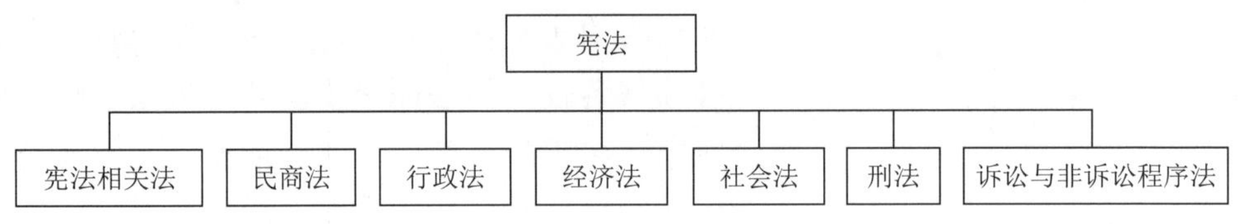

我国法律体系的组成部分

一、行政法和行政行为

行政法是调整国家行政管理活动的法律规范的总和，它规范和调整的重点是行政行为。行政行为是国家行政机关依法实施行政管理，直接或间接产生行政法律后果的行为，通常分为抽象行政行为和具体行政行为。具体内容见下图

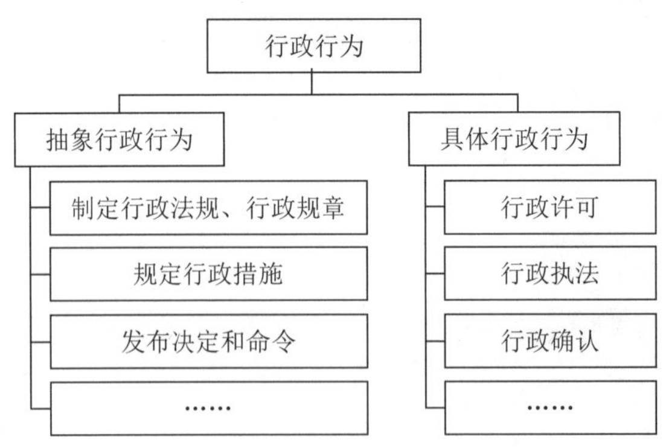

行政行为细分

行政执法行为

行政执法行为是指行政执法主体依照职权，把法律、法规、规章和规范性文件的规定适用于具体对象或案件的活动，它一般是具体行政行为的一种，例如运政执法人员对违法的驾驶员罚款500元，这个行政执法行为就是具体行政行为。

二、行政法体系

由于行政法规范的范围非常广泛，难以用统一的规则进行调整，因此行政法在形式上与民法、刑法有一个显著的差别，即行政法不存在统一的法典。例如《行政处罚法》、《行政复议法》、《国家赔偿法》等等，都是对行政法的某一方面进行统一的规定，并不是全方位的。但这并不影响我们在思维的层面上对行政法体系进行分类。理论上讲，行政法体系一般可分为三个部分：行政组织法、行政行为法以及行政法制监督法、救济法（见下图）。

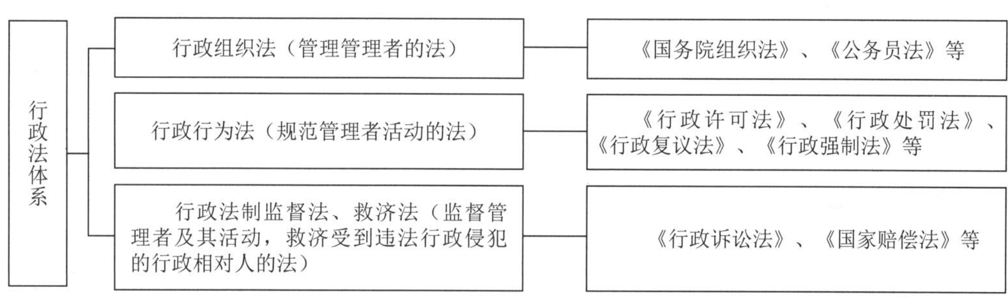

行政法体系的构成

三、道路运输法律体系

我国目前的道路运输法律体系可分为两部分：道路运输实体法和道路运输程序法。道路运输实体法以《道路运输条例》为核心，以其配套规定，如《道路旅客运输及客运站管理规定》、《道路货物运输及站场管理规定》、《道路危险货物运输管理规定》等为主要内容。道路运输程序法，主要是指交通运输部根据国家的行政许可法、处罚法、强制法、复议法等程序法，制定的交通运输行政方面的程序法，如《交通行政许可实施程序规定》、《交通行政处罚程序规定》、《交通行政复议规定》等。

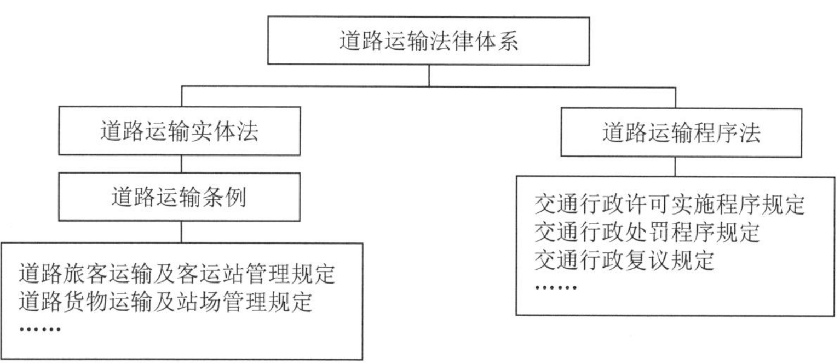

道路运输法律体系的构成

知识链接

实体法和程序法的区别

实体法和程序法的区别简单来说就是，实体法是规范实体权利义务的，程序法是保障实体权利义务如何实现的程序规范。例如，《道路运输条例》规定，运政执法人员对非法营运的经营者有权责令其停止经营并处以罚款，这就是规定实体权利。但是权利怎样实现呢？《交通行政处罚程序规定》规定了一系列程序，如执法人员执法时必须出示证件，必须向当事人讲清处罚的理由和依据等，必须给当事人申辩的机会等等，这些都是程序规范。

第二节 行政执法

行政执法是指国家行政机关在行政管理的过程中，组织、贯彻和实施法律规范的活动。行政执法有广义和狭义之分，本书所说的是狭义的行政执法，即把法律、法规和规章适用于具体的对象或案件的专门活动。

一、行政执法的含义

行政执法的主体是国家行政机关和法律、法规授权的组织。行政机关是行政执法的主要主体。其他非国家行政机关的组织经法律、法规授权或行政机关的委托，也可以行使一定的行政执法职能，成为行政执法的主体。对于道路运输管理机构来说，《道路运输条例》第七条中“县级以上道路运输管理机构负责具体实施道路运输管理工作”，以行政法规授权的形式明确了道路运输管理机构的行政主体地位。

行政执法所执行的是应当由行政机关执行的法律、行政法规、地方性法规和行政规章（在民族自治区域还包括自治条例和单行条例）所规定的事项。此外，下级国家行政机关执行上级国家行政机关依法发布的决定和命令，也属于行政执法范畴。

行政执法是国家行政权力运转的一种方式，具有国家强制性。在行政执法活动中，国家行政主体处于主导和支配地位，相对人处于被动服从地位。当然，如果相对人对行政主体的执法活动不服，可以申诉，提出行政复议，还可以依法向人民法院起诉。

二、依法行政

案例链接

遭遇钓鱼执法，小伙断指证清白

对当时年仅18岁的小伙子小孙来说，2009年10月14日是黑暗的一天。那天是他经哥哥介绍，到某市当司机的第二天，他本以为美好的日子马上就要到来，没想到刚上岗就惹了大祸。事情是这样的，当晚小孙驾驶公司的面包车去接人，在行至某一交叉口时，他看到路中间有名男子频频挥手示意他停车。

“我看他好像很着急的样子，想着他可能需要帮助，就停了车。他一下子拉开车门，坐到副驾驶座上，对我说他拦不到车，想让我捎他一程。我正好顺路，又见他穿得单薄，就同意了。他说按出租汽车的价格给我钱，我当时忙着开车没理他。走了几分钟，他说到了，我就靠边停了车。他拿出10块钱往仪表盘上一扔，就抢着要拔我的车钥匙。这时前面驶过来一辆面包车，车上下来几名便衣男子，自称是执法大队的，说我是黑车营运拉客。我赶紧解释，说搭车的人可以作证，结果那人已经不见了。这几个人把我从车里拽出来，拿走了我的驾驶证和行车证，把我推上他们的面包车，开进附近一个胡同，胡同里停着一辆依维柯汽车，他们又把我推到车上。车上有几名穿制服的男子，我当时掏出手机想报警，手机却被他们没收。他们在车上审我，一人拿出行政执法调查处理通知书，说我非法营运。我解释说对方是主动上车的，我完全是做好事，根本没想要钱。可他们坚持说我是非法营运，让我在处理通知书上签字。我拗不过他们，只好签了字。当时僵持了大概1个小时，我签字后他们才放我走，我的车也被他们开走了。”小孙回忆说。

小孙当晚回到家后，越想越窝囊，又不知道怎么证明自己的清白，郁闷绝望之下，竟然拿起菜刀砍向自己的手指！“当时连死的心都有，只想靠这样来证明自己的清白。”小孙说。

对于小孙的遭遇，他的哥哥说：“我弟弟才上班两天，他哪敢开车要钱，这是不可能的事。这是执法局在‘钓鱼’，我们都知道这种事，没想到让我弟弟碰上了。”

小孙哥哥口中的“钓鱼”，顾名思义，就是指执法人员化装成行人，谎称需要帮助，坐上私家车，事先不提报酬问题，在到达目的地后不由分说将报酬放在司机面前，早已潜伏在周围的执法人员一拥而上将司机制服，称其非法营运，强制司机接受罚款或其他处罚措施。

该市执法局相关负责人否认存在钓鱼执法现象。但事实是，该市当时钓鱼执法事件频发。当年9月8日，市民张先生好心搭载了一名捂住腹部，声称胃疼的乘客，结果乘客上车后完全没有了胃疼的样子，还主动提出要给张先生钱。几分钟后，张先生应乘客要求停车，乘客随即试图拔他的车钥匙，车外几名穿制服的人也围了上来。最后张先生被认定为非法营运，罚款1万元。另一名市民江先生也遭遇过钓鱼执法，巧合的是，他后来在同一个地方又遇到了搭他车的那两名乘客，当时那两人正试图搭乘一辆桑塔纳汽车，江先生随即上前交涉，最后竟发现两人身上携带有录音设备。

钓鱼执法事件经媒体曝光后，受到社会广泛的关注，也得到了该市政府的高度重视。有关部门明确表示，钓鱼执法是绝对不能容忍的，必须杜绝，对已发生的事件，也会积极善后。小孙事件的最终结果是，有关部门归还车辆并向小孙道歉，小孙可就自己的财产损失申请国家赔偿。

钓鱼执法现象可以说是完全背离了依法行政的要求，严重损害了全体执法人员的形象。这一时一地的错误所造成的损害，可能是全国多少执法人员兢兢业业工作也难以弥补的。幸运的是，党和国家已经意识到了法治的紧迫性，2014年10月23日，党的十八届四中全会审议通过了《中共中央关于全面推进依法治国若干重大问题的决定》，提出了深入推进依法行政，加快建设法治政府等目标。如何做到依法行政，用法治的思维办事，是每一个基层运政执法人员都需要思考的课题。

1. 依法行政的含义

依法行政就是指一切行政管理活动，都必须符合法律规定，必须依据法律规定进行。它具体有四层含义：

（1）行政权的运用和行使不得和法律相抵触。

（2）一切行政组织的建制以法律为基础，如无法律依据，或者超越法律规定的范围，那么行政机关的行为是无效的，有权机关可以作出撤销的决定。

（3）设定和免除公民的权利必须有明确的法律根据。

（4）一切行政违法主体都必须承担相应的行政法律责任。

2. 依法行政的基本要求

（1）合法行政。合法原则是建立法治政府的最根本理念，是依法行政的最低限度要求。合法行政要求行政机关实施行政管理时，要依照法律、法规、规章的规定进行；没有法律、法规、规章的规定，行政机关不得作出影响公民、法人和其他组织合法权益或者增加公民、法人和其他组织义务的决定。

（2）合理行政。合理行政要求行政行为不仅要符合形式正义，还要符合实质正义。合理行政要求行政机关在实施行政管理时，遵循公平、公正的原则，平等对待行政相对人，不偏私、不歧视。行使自由裁量权要符合法律目的，排除不相关因素的干扰；所采取的措施和手段应必要、适当；行政机关实施行政管理可以采用多种方式实现行政目的时，应避免采用损害当事人权益的方式。

（3）程序正当。没有程序正当，就没有“看得见的正义”。程序正当要求行政机关在实施行政管理时，除涉及国家秘密和依法受到保护的商业秘密、个人隐私外，应当公开，注意听取公民、法人和其他组织的意见；要严格遵守法定程序，依法保障行政相对人、利害关系人的知情权、参与权和救济权。行政机关工作人员履行职责，与行政相对人存在利害关系时，应当回避。

（4）高效便民。高效便民就是要求行政机关在实施行政管理时，应当遵守法定时限，积极履行法定职责，提高办事效率，提供优质服务，方便公民、法人和其他组织。

案例链接

便捷服务暖人心

春运期间一票难求一直是困扰广大返乡旅客的难题。2014年春运，某县运管部门为了给群众提供便捷的购票渠道，主动出击，联系多家运输公司在该县多处人流量较大的地点设立了春运服务站，以方便群众购票，减轻他们必须远赴市里排队购票的负担，受到了群众的一致好评。这不，刚为自己和几名工友买到票的务工人员小赵喜滋滋地说：“太方便了，有了春运服务站，我趁着中午吃饭的功夫就来把票买了，不用请半天假往市区里折腾，这里排队的人也少，要是到了市区里，那队可老长了。运管工作人员好样的，这才是为人民服务嘛！”

（5）诚实守信。诚实守信就是要求行政机关公布的信息必须全面、准确、真实。非因法定事由并经法定程序，行政机关不得撤销、变更已经生效的行政决定；因国家利益、公共利益或者其他法定事由需要撤回或者变更行政决定的，应当依照法定权限和程序进行，并对行政管理相对人因此而受到的财产损失依法予以补偿。

（6）权责统一。权利与义务统一，治权与职责统一是法治的基本要求，是现代责任政府的基本理念。权责统一就是要求行政机关在履行经济、社会和文化事务管理职责时，要由法律、法规赋予其相应的执法手段。行政机关违法或者不当行使职权，应当依法承担法律责任，实现权力和责任的统一。要做到执法有保障、有权必有责、用权受监督、违法受追究、侵权须赔偿。

3. 当前运政执法工作存在的问题

（1）执法乱作为。有些执法人员执法行为不规范、有失公正，更有甚者滥用职权、徇私枉法，严重侵犯行政相对人的合法权益，引起公众的怀疑和对立情绪，损害执法队伍的整体形象，影响政府的公信力。

（2）执法不作为。有些执法人员该管的不去管，出了事又推卸责任，任凭各种黑车、黑站点、黑驾校等泛滥，不但扰乱正常的经营秩序，还带来很大的安全隐患。

（3）选择性执法。有些执法人员对工作挑着干，领导要求的、没有风险的、有利可图的就干，有困难的就不去管。

（4）与相关部门不能团结合作，而是互相扯皮、推卸责任。

（5）以罚代管，执法无效。有些执法人员执法时只注重结果，一罚了事，不能对行政相对人进行有效的教育，不能从根本上解决问题，更有甚者将罚款作为一种创收的手段，严重本末倒置。

4. 解决以上问题的途径

（1）积极参加相关教育培训，提高自身的思想道德素质、业务素质等，提高工作能力，自觉依法行政。

（2）从管理者的身份向服务者的身份转变，摒弃高高在上的姿态，摆正自己和公众的关系定位，充分考虑到行政相对人的困难和需求，人性化执法。

案例链接

人性化执法得民心

2010年春运期间，某市运政执法人员在严打非法营运、确保春运安全的同时，采取了一系列人性化的服务措施，得到了行政相对人的交口称赞。

2月3日下午，私家车驾驶员王某从汽车站带了4名乘客到火车站，说好收费120元，在到达火车站后被执法人员查获，王某对自己非法营运的事实供认不讳，但听说执法人员要扣车时，他却心情激动地说道：“我今天出门急，身上一分钱也没有，你们把车扣了，我可怎么回家去！通融通融吧！”执法人员了解王某的情况后，向他表示：“根据《××省道路运输管理条例》，从事非法营运的车辆是需要暂扣的，我们是依法办事，希望你理解。考虑到你的实际情况，我们这里给你凑出30块钱，当作你回家的路费，希望你以后不要再进行非法营运。”王某被执法人员的真情感动，表示自己以后一定做个守法好公民。

2月4日早上，执法人员在高速路口路查时，发现一辆大客车行驶异常，上前检查后发现，该客车是一辆包车，各种证件手续齐全，但驾驶员是第一次走这条路线，不认识路，提前驶出了高速公路，又不知道怎么绕回到高速公路上去，造成行驶异常。执法人员在了解情况后，立即决定派一辆车在前面带路，将客车带回高速公路。驾驶员和全车乘客都对执法人员竖起了大拇指。

（3）执法中严格遵守法定程序，告知行政相对人作出处罚的事实、理由、依据，保障行政相对人陈述、申辩和要求组织听证的权利，严格执行罚款和缴纳相分离的规定等。

（4）加强与新闻媒体的合作，正面展现执法工作过程，让公众及时了解执法状况，取得公众的理解和支持，使舆论成为执法工作的助力而不是阻力。

??? 课后思考题

案例1:

田某是一名出租汽车驾驶员，某日他驾车送几名乘客去往临县的火车站，在到站后被执法人员拦下检查，随后车辆被扣，执法人员当时说：“你认错态度好，可以从轻处罚，罚款1000元。”可是当田某拿着银行缴费回单去运管所取车时，运管所领导却认为1000元处罚太轻，又给田某开具了一份罚款2000元的罚单，田某为了尽快取回车，不耽误之后的生意，只好在一天内缴纳了两次罚款。事情到这里还不算完，田某到停车场取车时，工作人员要求他缴纳80元的停车费，而且没有给田某任何票据。

请问：上述运管所工作人员的行为是否符合依法行政的要求？

答：从案例描述来看，运管所工作人员的行为不符合依法行政的要求。首先，《行政处罚法》第二十四条规定，对当事人的同一个违法行为，不得给予两次以上罚款的行政处罚，即“一事不二罚”原则，而运管所的做法很明显违背了这一原则。其次，《道路运输条例》第六十二条规定，道路运输管理机构的工作人员在实施道路运输监督检查过程中，对没有车辆营运证又无法当场提供其他有效证明的车辆予以暂扣的，应当妥善保管，不得使用，不得收取或者变相收取保管费用。运管所收取停车费，属于变相收取保管费用，而且还不给田某开具任何票据，恐怕这笔钱的去向要打上一个大大的问号。

案例2:

某日，程某驾车路过一个路口时，一老人拦车请求搭顺风车，称愿意给10块钱，程某答应了，谁知老人刚上车，运管所的执法人员就冲了上来，以非法营运为由扣了程某的车，执法人员制作了询问笔录，出具了车辆暂扣凭证，但因为执法人员出现的时机太巧了，程某怀疑执法人员“钓鱼执法”，拒绝在询问笔录和车辆暂扣凭证上签字。几天后，运管所向程某下达了一份给予3万元罚款的违法行为通知书，紧接着第二天就下达了行政处罚决定书。尽管对运管所的执法持有异议，但程某也没有别的办法，只好四处找关系，最后运管所决定罚款3000元。程某向执法人员缴纳了3000元现金，执法人员给他出具了《××省非税收入票据》。

请问：上述运管所工作人员都有哪些违法行政行为？

答：首先，运管所在下达违法行为通知书的第二天就下达了行政处罚决定书，中间并没有给程某留出陈述、申辩和要求听证的时间，违反了《交通行政处罚程序规定》第二十条中“交通管理部门负责人对《交通违法行为调查报告》审核后，认为应当给予行政处罚的，交通管理部门应当制作《交通违法行为通知书》，送达当事人，告知拟给予的行政处罚内容及其事实、理由和依据，并告知当事人可以在收到该通知书之日起三日内进行陈述和申辩，符合听证条件的可以要求组织听证”的规定，3万元属于较大数额罚款，程某依法有权要求听证，运管所的行为等于直接剥夺了程某要求听证的权利。其次，执法人员收取程某缴纳的3000元现金，这种由执法人员充当收费员，直接“包干”的做法，违反了《行政处罚法》第四十六条中“作出罚款决定的行政机关应当与收缴罚款的机构分离。除依照本法第四十七条、第四十八条的规定当场收缴的罚款外，作出行政处罚决定的行政机关及其执法人员不得自行收缴罚款”的规定。

第二章　道路运输程序法

道路运输管理机构的工作人员按照规定的程序实施行政行为，不仅能够维护法律的尊严和正义，还能够确保行政过程的透明性，避免不必要的纠纷。无论从哪个角度来说，相关人员都应掌握道路运输相关的程序法，依照程序办事，使权力真正在阳光下运行。

第一节　行政许可

经营许可有要求，不是想干就能干

2006年4月，某汽车运输有限公司取得县道路运输管理局的行政许可，经营A地—B地的客运班线，经营期限是2006年4月19日至2011年7月31日。2006年4月20日，杨先生与该公司签订挂靠协议，将其客车入户到该公司名下，成为A地—B地线路实际上的经营者。2010年，杨先生又与该公司签订了承包经营合同，约定客车的所有权属于该公司，经营权属于杨先生。2011年客运班线经营期届满前，运输公司提交了延续经营申请，运管部门同意其延续至2014年4月13日。2014年延续经营期也届满后，杨先生向县道路运输管理局提交申请书，申请继续经营A地—B地的客运线路，但是运管局对杨先生的申请作出了不予受理的决定。

杨先生不能接受这个结果，将运管局告上了法庭。他认为自己符合《道路旅客运输及客运站管理规定》（以下简称《客规》）第三十三条“客运经营者在客运班线经营期限届满后申请延续经营，符合下列条件的，应当予以优先许可：（一）经营者符合本规定第十条规定；（二）经营者在经营该客运班线过程中，无特大运输安全责任事故；（三）经营者在经营该客运班线过程中，无情节恶劣的服务质量事件；（四）经营者在经营该客运班线过程中，无严重违法经营行为；（五）按规定履行了普遍服务的义务”的规定，运管局应当受理申请并作出予以许可的决定。

事实果真如此吗？其实不然。《客规》第十条规定，申请从事道路客运经营的，应当有与其经营业务相适应并经检测合格的客车；有符合规定条件的驾驶人员；有健全的安全生产管理制度；申请从事道路客运班线经营，还应当有明确的线路和站点方案。《客规》第十条表明成立具有道路旅客运输资质的客运企业是申请道路客运班线经营的前提条件，杨先生并不能代表运输公司，而他个人并不具备道路旅客运输经营资质，所以不能以个人身份申请道路客运班线经营许可。《客规》第十四条也对申请者应提供的材料作出了明确规定。杨先生在申请时只提交了一份申请书，并未提供《客规》第十四条规定的全部材料，不符合受理条件。当然，根据《行政许可法》的规定，申请材料不全或者不符合法定形式时，运管局有义务当场或者在5日内一次告知申请人需要补正的全部内容。运管局不能证明自己履行了告知义务，行政行为也存在瑕疵。

最后，法院驳回了杨先生要求运管局对其A地—B地客运班线经营申请作出许可的诉讼请求。

在我国，想要从事道路运输经营和道路运输相关业务，必须要首先取得行政许可。道路运输管理机构的工作人员如何实施行政许可？主要依据就是《行政许可法》和《交通行政许可实施程序规定》。

一、行政许可的概念

行政许可是指行政主体应行政相对人申请，通过颁布许可证、执照等形式，依法赋予行政相对人从事某种活动的法律资格或实施某种行为的法律权利的行政处理行为。如道路运输管理机构向道路运输从业人员颁发从业资格证，就是资格许可；向道路客货运经营者颁发经营许可证，就是行为许可。

二、行政许可的设定

设定行政许可，应当遵循经济和社会发展规律，有利于发挥公民、法人或者其他组织的积极性、主动性，维护公共利益和社会秩序，促进经济、社会和生态环境协调发展。

1. 可以设定行政许可的事项

根据《行政许可法》的规定，下表所列事项可以设定行政许可。

可以设定行政许可的事项

可以设定行政许可的事项	备　注
1. 直接涉及国家安全、公共安全、经济宏观调控、生态环境保护以及直接关系人身健康、生命财产安全等特定活动，需要按照法定条件予以批准的事项	左边所列事项，通过以下方式能够予以规范的，可以不设行政许可： （1）公民、法人或者其他组织能够自主决定的； （2）市场竞争机制能够有效调节的； （3）行业组织或者中介机构能够自律管理的； （4）行政机关采用事后监督等其他行政管理方式能够解决的
2. 有限自然资源开发利用、公共资源配置以及直接关系公共利益的特定行业的市场准入等，需要赋予特定权利的事项	
3. 提供公众服务并且直接关系公共利益的职业、行业，需要确定具备特殊信誉、特殊条件或者特殊技能等资格、资质的事项	
4. 直接关系公共安全、人身健康、生命财产安全的重要设备、设施、产品、物品，需要按照技术标准、技术规范，通过检验、检测、检疫等方式进行审定的事项	
5. 企业或者其他组织的设立等，需要确定主体资格的事项	
6. 法律、行政法规规定可以设定行政许可的其他事项	

2. 设定行政许可的权限

（1）法律可以设定行政许可。

（2）尚未制定法律的，行政法规可以设定行政许可。

（3）必要时，国务院可以采用发布决定的方式设定行政许可。实施后，除临时性行政许可事项外，国务院应当及时提请全国人民代表大会及其常务委员会制定法律，或者自行制定行政法规。

（4）尚未制定法律、行政法规的，地方性法规可以设定行政许可。

（5）尚未制定法律、行政法规和地方性法规的，因行政管理的需要，确需立即实施行政许可的，省、自治区、直辖市人民政府规章可以设定临时性的行政许可。临时性的行政许可实施满一年需要继续实施的，应当提请本级人民代表大会及其常务委员会制定地方性法规。

（6）地方性法规和省、自治区、直辖市人民政府规章，不得设定应当由国家统一确定的公民、法人或者其他组织的资格、资质的行政许可；不得设定企业或者其他组织的设立登记及其前置性行政许可。其设定的行政许可，不得限制其他地区的个人或者企业到本地区从事生产经营和提供服务，不得限制其他地区的商品进入本地区市场。

（7）行政法规可以在法律设定的行政许可事项范围内，对实施该行政许可作出具体规定。地方性法规可以在法律、行政法规设定的行政许可事项范围内，对实施该行政许可作出具体规定。规章可以在上位法设定的行政许可事项范围内，对实施该行政许可作出具体规定。法规、规章对实施上位法设定的行政许可作出的具体规定，不得增设行政许可；对行政许可条件作出的具体规定，不得增设违反上位法的其他条件。

（8）其他规范性文件一律不得设定行政许可。

3. 设定行政许可的注意事项

（1）设定行政许可，应当依照法定的权限、范围、条件和程序，遵循公开、公平、公正的原则。

（2）设定行政许可，应当规定行政许可的实施机关、条件、程序、期限。

（3）行政许可的实施机关可以对已设定的行政许可的实施情况及存在的必要性适时进行评价，并将意见报告该行政许可的设定机关。公民、法人或者其他组织可以向行政许可的设定机关和实施机关就行政许可的设定和实施提出意见和建议。

三、行政许可的实施

1. 行政许可的实施机关

行政许可的实施机关如下表所示。

行政许可的实施机关

实施机关	要求
具有行政许可权的行政机关	在法定职权范围内实施
法律、法规授权的具有管理公共事务职能的组织	在法定授权范围内实施 以自己的名义实施
依法受委托的行政机关	在委托范围内实施 以委托行政机关名义实施 不得再委托其他组织或者个人 由委托机关负责监督实施行为，并对行为后果承担法律责任

2. 行政许可的实施程序

行政许可的实施程序，如下图所示。

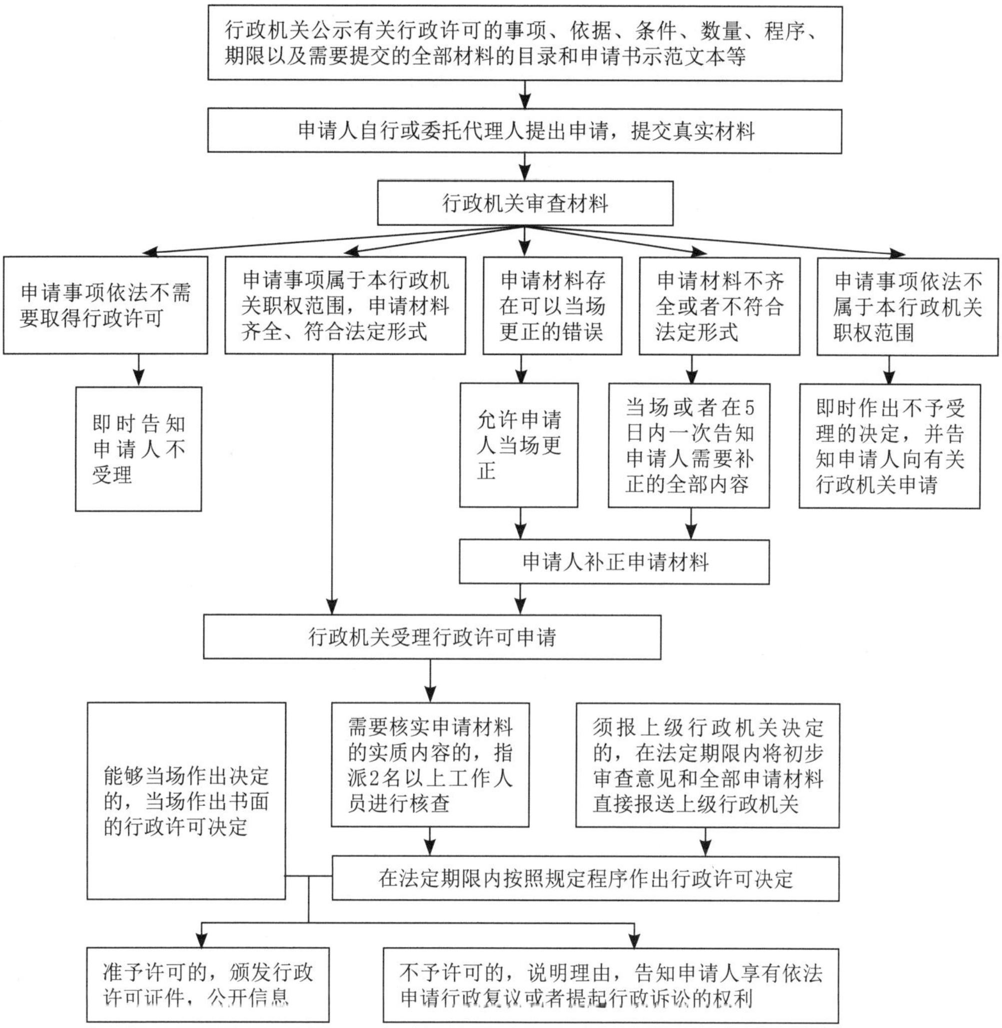
行政机关公示有关行政许可的事项、依据、条件、数量、程序、期限以及需要提交的全部材料的目录和申请书示范文本等
申请人自行或委托代理人提出申请，提交真实材料
行政机关审查材料
申请事项依法不需要取得行政许可
申请事项属于本行政机关职权范围，申请材料齐全、符合法定形式
申请材料存在可以当场更正的错误
申请材料不齐全或者不符合法定形式
申请事项依法不属于本行政机关职权范围
即时告知申请人不受理
允许申请人当场更正
当场或者在5日内一次告知申请人需要补正的全部内容
即时作出不予受理的决定，并告知申请人向有关行政机关申请
申请人补正申请材料
行政机关受理行政许可申请
能够当场作出决定的，当场作出书面的行政许可决定
需要核实申请材料的实质内容的，指派2名以上工作人员进行核查
须报上级行政机关决定的，在法定期限内将初步审查意见和全部申请材料直接报送上级行政机关
在法定期限内按照规定程序作出行政许可决定
准予许可的，颁发行政许可证件，公开信息
不予许可的，说明理由，告知申请人享有依法申请行政复议或者提起行政诉讼的权利

行政许可的实施程序

3. 行政许可听证

下列情况下，行政机关应当举行听证。行政机关举行听证的程序，如下图所示。

（1）法律、法规、规章规定实施行政许可应当听证的事项。

（2）行政机关认为需要听证的其他涉及公共利益的重大行政许可事项。

（3）行政许可直接涉及申请人与他人之间重大利益关系，申请人、利害关系人提出听证申请。

行政机关在听证7日前通告举行听证的时间、地点
行政机关指定听证主持人
公开举行听证
制作听证笔录，交由听证参加人确认
行政机关根据听证笔录，作出行政许可决定

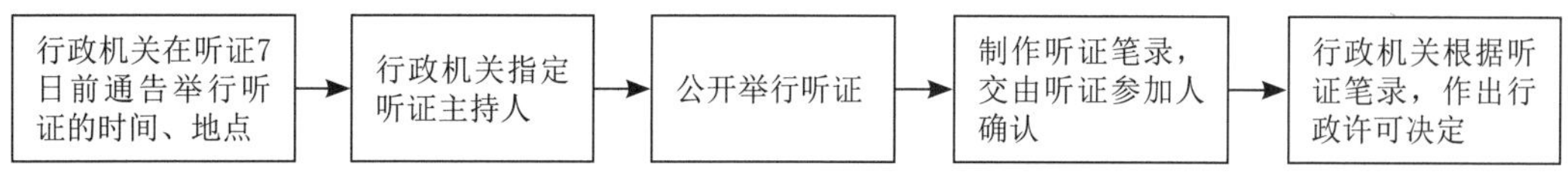

行政机关举行听证的程序

4. 实施行政许可的注意事项

（1）实施行政许可，应当依照法定的权限、范围、条件和程序，遵循公开、公平、公正、便民的原则，提高办事效率，提供优质服务。

（2）有关行政许可的规定应当公布；未经公布的，不得作为实施行政许可的依据。行政许可的实施和结果，除涉及国家秘密、商业秘密或者个人隐私之外，应当公开。

（3）符合法定条件、标准的，申请人有依法取得行政许可的平等权利，行政机关不得歧视。有数量限制的行政许可，两个或者两个以上申请人的申请均符合法定条件、标准的，除另有规定外，行政机关应当根据受理行政许可申请的先后顺序作出准予行政许可的决定。

（4）行政机关对行政许可申请进行审查时，发现行政许可事项直接关系他人重大利益的，应当告知该利害关系人。申请人、利害关系人有权进行陈述和申辩。行政机关应当听取申请人、利害关系人的意见。

（5）行政机关实施行政许可，不得向申请人提出购买指定商品、接受有偿服务等不正当要求。行政机关工作人员办理行政许可，不得索取或者收受申请人的财物，不得谋取其他利益。

（6）除另有规定外，行政机关实施行政许可和对行政许可事项进行监督检查，不得收取任何费用。行政机关提供行政许可申请书格式文本，不得收费。行政机关实施行政许可，依照法律、行政法规收取费用的，应当按照公布的法定项目和标准收费；所收取的费用必须全部上缴国库，任何机关或者个人不得以任何形式截留、挪用、私分或者变相私分。财政部门不得以任何形式向行政机关返还或者变相返还实施行政许可所收取的费用。

四、交通行政许可的特别规定

1. 公示

交通行政许可实施机关应当依法公示相关事项，已实行电子政务的应当公布网站地址。

交通行政许可应依法公示的内容

公示内容	公示方式
交通行政许可的事项	1. 在实施机关的办公场所设置公示栏、电子显示屏或者将公示信息资料集中在实施机关的专门场所供公众查阅； 2. 在联合办理、集中办理行政许可的场所公示； 3. 在实施机关的网站上公示； 4. 法律、法规和规章规定的其他方式
交通行政许可的依据	
交通行政许可的实施主体	
受委托行政机关和受委托实施行政许可的内容	
交通行政许可统一受理的机构	
交通行政许可的条件	
交通行政许可的数量	
交通行政许可的程序和实施期限	
依法需要举行听证的交通行政许可事项	
需要申请人提交材料的目录	
申请书文本式样	
作出的准予交通行政许可的决定	
实施交通行政许可依法应当收费的法定项目和收费标准	
交通行政许可的监督部门和投诉渠道	
依法需要公示的其他事项	

2. 实质审查

法律、法规和规章要求交通行政许可实施机关对申请材料的实质内容进行核实的，实施机关应当审查申请材料反映的情况是否与法定的行政许可条件相一致。可以采用下表所列方式实施实质审查。

实施实质审查的方式

实施实质审查的方式
1. 当面询问申请人及与申请材料内容有关的相关人员
2. 根据申请人提交的材料之间的内容相互进行印证
3. 根据行政机关掌握的有关信息与申请材料进行印证
4. 请求其他行政机关协助审查申请材料的真实性
5. 调取查阅有关材料，核实申请材料的真实性
6. 对有关设备、设施、工具、场地进行实地核查
7. 依法进行检验、勘验、监测
8. 听取利害关系人意见
9. 举行听证
10. 召开专家评审会议审查申请材料的真实性

3. 听证笔录

交通行政许可实施机关举行听证时，应制作听证笔录，笔录包括下表所列事项。

听证笔录应包含的事项

听证笔录应包含的事项
1. 事由
2. 举行听证的时间、地点和方式
3. 听证主持人、记录人等
4. 申请人姓名或者名称、法定代理人及其委托代理人
5. 利害关系人姓名或者名称、法定代理人及其委托代理人
6. 审查该行政许可申请的工作人员
7. 审查该行政许可申请的工作人员的审查意见及证据、依据、理由
8. 申请人、利害关系人的陈述、申辩、质证的内容及提出的证据
9. 其他需要载明的事项

第二节 行政处罚

案例链接

运管随意罚款遭质疑

签了放弃申辩、听证的字条，就能降低罚款金额，某运管所的这种谈条件、随意罚款的做法，引起不少当事人的质疑。傅先生说：“（2010年）4月28日，我的货车被几个穿制服的拦下，他们说我的道路运输证没有照片，后来又说我的车违法加高40厘米，要到运管所接受处罚。我到了运管所后，对方要罚5000元，我求情问能不能少罚点，对方就拿出了一张字条让我签字，说签了罚1800元，我一看，字条上写着愿意接受处罚，不上诉、不听证。我心想，罚款能这么随意吗？可以剥夺我上诉的权利吗？但是俗话说‘民不与官斗’，为了少罚点款，我只能认了，最后还是签了字。”金先生也遭遇了同样的情况：“家里人收拾了点废纸箱，我那天用自己的面包车拉着去废品回收站处理掉，结果路上被运管拦下，他们说我没有道路运输经营许可证，属于非法从事道路货物运输，我纳闷怎么就非法营运了呢，可是争辩不过，最后签了‘放弃申辩、听证’的字条，罚款减至1500元，这可是我大半个月的收入！”有着同样遭遇的人还有不少。

该运管所这么做虽然在客观后果上减轻了当事人的罚款压力，但是实际上却严重侵犯了当事人的合法权益，无情践踏了法律的尊严。《行政处罚法》第六条规定：公民、法人或者其他组织对行政机关所给予的行政处罚，享有陈述权、申辩权；对行政处罚不服的，有权依法申请行政复议或者提起行政诉讼。公民、法人或者其他组织因行政机关违法给予行政处罚受到损害的，有权依法提出赔偿要求。第三十二条规定：当事人有权进行陈述和申辩。行政机关必须充分听取当事人的意见，对当事人提出的事实、理由和证据，应当进行复核；当事人提出的事实、理由或者证据成立的，行政机关应当采纳。行政机关不得因当事人申辩而加重处罚。运管所以当事人放弃申辩、听证的权利作为减轻处罚的前提，这种行为是违反《行政处罚法》的。其实，如果当事人认错态度良好，积极改正，运管所可以酌情从轻处罚，但绝对不能以侵犯当事人的合法权益为前提。

运政执法人员在监督检查中经常需要对违法当事人进行行政处罚，以便纠正违法行为，维护道路运输安全和秩序。处罚时如何做到公平、适当，使相对人更容易接受，是每个执法人员都需要认真思考的问题。

一、行政处罚的种类和设定

行政处罚是行政主体为了维护公共利益和社会秩序，保护公民、法人和其他组织的合法权益，对违反行政管理秩序、依法应当给予行政处罚的行政相对人所给予的法律制裁。

1. 行政处罚的种类

《行政处罚法》规定了七种行政处罚，具体内容如下。

（1）警告。

• 一般处于其他处罚之前。

• 最轻微的处罚形式，适用于情节比较轻微或者未造成实际危害后果的违法行为。

（2）罚款。

（3）没收违法所得、没收非法财物。

（4）责令停产停业。

非常严厉的处罚，一般只对较为严重的违法行为才能适用。

（5）暂扣或者吊销许可证、暂扣或者吊销执照。

（6）行政拘留。
• 最为严厉的一种处罚。
• 行使者一般仅限于公安机关。
（7）法律、行政法规规定的其他行政处罚。

2. 行政处罚的设定

行政处罚的设定主体及类型，如下表所示。

行政处罚的设定主体及类型

设定主体	行政处罚类型				
	限制人身自由	吊销企业营业执照	警告或者一定数量罚款	其他	具体化上位法已经设定的行政处罚
法律	√	√	√	√	—
行政法规	—	√	√	√	√
地方性法规	—	—	√	√	√
部委规章	—	—	√	—	√
国务院授权的直属机构	—	—	√	—	√
地方政府规章	—	—	√	—	√

二、行政处罚的管辖

1. 行政处罚的主体

行政处罚的主体有三类：一是具有行政处罚权的行政机关；二是法律、法规授权的具有管理公共事务职能的组织；三是行政机关依法委托的符合法律规定条件的组织。

受委托组织应在委托范围内，以委托行政机关名义实施行政处罚，且不得再委托其他任何组织或者个人实施行政处罚。受委托组织实施行政处罚的行为由委托行政机关负责监督，其行为后果也由委托行政机关负责承担法律责任。

2. 行政处罚的管辖

（1）除另有规定外，行政处罚由违法行为发生地的县级以上地方人民政府具有行政处罚权的行政机关管辖。

（2）两个及以上行政主体对同一违法行为均有行政处罚权时，由相关行政机关达成协议或按照惯例解决，如果对管辖权发生争议，应报请共同的上一级行政机关指定管辖。

（3）违法行为构成犯罪的，行政机关必须将案件移送司法机关，依法追究刑事责任。

三、行政处罚的适用

（1）没有法定依据或者不遵守法定程序的，行政处罚无效。对违法行为给予行政处罚的规定必须公布；未经公布的，不得作为行政处罚的依据。

（2）设定和实施行政处罚必须以事实为依据，与违法行为的事实、性质、情节以及社会危害程度相当。

（3）实施行政处罚，纠正违法行为，应当坚持处罚与教育相结合，教育公民、法人或者其他组织自觉守法。

案例链接

交了年费，一年免受处罚

孟先生驾驶货车途经某市时，被当地运政执法人员拦下，执法人员以非法改装为由，决定对孟先生进行处罚，他们给了孟先生两种选择：一是按正常途径到银行缴纳罚款，罚款金额为5000元；二是每个月交300元，一年合计3600元，直接交给执法人员，没有发票，但是保证1年内在该市不再对孟先生进行处罚。

孟先生虽然不是很清楚相关法律法规，但直觉执法人员这样做是有问题的，确实，执法人员的行为存在很大问题。首先，根据《行政处罚法》相关规定，作出处罚的机关和收缴罚款的机构应当相互分离，执法人员现场收缴罚款的限制条件非常严格，一般情况下执法人员是无权直接现场收缴罚款的。上述执法人员想直接收缴罚款，又不出具发票，这笔罚款的去向很令人怀疑。

其次，某种违法行为应该罚款多少，相关法律法规都是有明确规定的，例如非法改装，《道路运输条例》第七十条明确规定，客运经营者、货运经营者擅自改装已取得车辆营运证的车辆的，由县级以上道路运输管理机构责令改正，处5000元以上2万元以下的罚款，执法人员应依法处罚，不能利用驾驶员想少交罚款的心理，用较低的罚款金额诱使其成为自身违法的帮凶。

另外，执法人员应明白，行政处罚应以罚款和教育相结合，教育驾驶员及时改正违法行为是目的，罚款并不是目的，上述执法人员向驾驶员保证交了罚款以后不再处罚，完全就是本末倒置，只顾借机敛财，置道路运输安全于不顾。

总之，案例中执法人员的违法行为必将受到法律的制裁，广大执法人员也应引以为戒，认清自己的责任和使命，严格依法办事，执法为安全。

（4）对当事人的同一个违法行为，不得给予两次以上罚款的行政处罚。

（5）对下列情况不予行政处罚：不满14周岁的人有违法行为的；精神病人在不能辨认或者不能控制自己行为时有违法行为的；违法行为轻微并及时纠正，没有造成危害后果的。对下列情况从轻或者减轻行政处罚：已满14周岁不满18周岁的人有违法行为的；违法当事人主动消除或者减轻违法行为危害后果的；违法当事人受他人胁迫有违法行为的；违法当事人配合行政机关查处违法行为有立功表现的。

（6）除另有规定外，违法行为在2年内未被发现的，不再给予行政处罚。

四、行政处罚的程序

行政处罚的程序由行政处罚的决定程序和执行程序两部分组成。

1. 决定程序

行政处罚的决定程序分为简易程序和一般程序，此外在需要听证的情况下，还要有听证程序。具体内容见下表。

行政处罚的决定程序

	简易程序	一般程序	听证程序
适用条件	同时符合以下三个条件： •违法事实确凿； •有法定依据； •对公民处以50元以下、对法人或其他组织处以1000元以下罚款或警告的行政处罚	不适用简易程序的情况	当事人对行政机关作出责令停产停业、吊销许可证或执照、较大数额罚款等行政处罚决定要求听证
过程	（1）向当事人出示执法身份证件； （2）确认违法事实，说明处罚理由和依据； （3）填写预定格式、编有号码的行政处罚决定书（行政处罚决定书应当载明当事人的违法行为、行政处罚依据、罚款数额、时间、地点以及行政机关名称，并由执法人员签名或者盖章）； （4）当场将行政处罚决定书交付当事人； （5）报所属行政机关备案	（1）立案； （2）全面、客观、公正地调查，收集有关证据，必要时可依法进行检查； （3）行政机关负责人审查调查结果，根据不同情况分别作出决定； （4）作出给予行政处罚决定的，制作行政处罚决定书； （5）告知当事人作出行政处罚决定的事实、理由和依据，告知当事人依法享有的权利； （6）听取当事人的陈述和申辩，复核当事人提出的事实、理由和依据，确认成立的应当采纳； （7）当场交付或7日内送达行政处罚决定书	（1）当事人在行政机关告知后3日内提出听证； （2）行政机关组织听证，在听证7日前通知当事人举行听证的时间、地点； （3）公开举行听证，涉及国家秘密、商业秘密或者个人隐私的除外； （4）非案件调查人员主持听证，调查人员提出当事人违法的事实、证据和行政处罚建议，当事人进行申辩和质证； （5）制作听证笔录，由当事人审核后签字或盖章

2. 执行程序

（1）行政处罚决定依法作出后，当事人应当在行政处罚决定的期限内予以履行。当事人对行政处罚决定不服申请行政复议或者提起行政诉讼的，行政处罚不停止执行，法律另有规定的除外。

（2）作出罚款决定的行政机关应当与收缴罚款的机构分离。除下表所列情形外，作出行政处罚决定的行政机关及其执法人员不得自行收缴罚款。行政机关及其执法人员当场收缴罚款的，必须向当事人出具省、自治区、直辖市财政部门统一制发的罚款收据；不出具财政部门统一制发的罚款收据的，当事人有权拒绝缴纳罚款。执法人员当场收缴的罚款，应当自收缴罚款之日起2日内，交至行政机关；在水上当场收缴的罚款，应当自抵岸之日起2日内交至行政机关；行政机关应当在2日内将罚款缴付指定的银行。可以当场收缴罚款的情形有以下两种：

①依法当场作出行政处罚决定，且罚款数额在20元以下，或者不当场收缴事后难以执行；

②在边远、水上、交通不便地区依法作出罚款决定，当事人向指定银行缴纳罚款确有困难，当事人提出当场缴纳意愿

（3）当事人逾期不履行行政处罚决定的，作出行政处罚决定的行政机关可以采取下列措施：到期不缴纳罚款的，每日按罚款数额的3%加处罚款；根据法律规定，将查封、扣

押的财物拍卖或者将冻结的存款划拨抵缴罚款；申请人民法院强制执行。当事人确有经济困难，需要延期或者分期缴纳罚款的，经当事人申请和行政机关批准，可以暂缓或者分期缴纳。

（4）除依法应当予以销毁的物品外，依法没收的非法财物必须按照国家规定公开拍卖或者按照国家有关规定处理。罚款、没收违法所得或者没收非法财物拍卖的款项，必须全部上缴国库，任何行政机关或者个人不得以任何形式截留、私分或者变相私分；财政部门不得以任何形式向作出行政处罚决定的行政机关返还罚款、没收的违法所得或者返还没收非法财物的拍卖款项。

五、交通行政处罚的规定

（1）案件调查人员在调查、收集证据时不得少于2人，且应当遵守下列规定。

①询问证人和当事人时，应当个别进行并告知其做伪证的法律责任；制作《询问笔录》须经被询问人阅核后，由询问人和被询问人签名或者盖章，被询问人拒绝签名或者盖章，由询问人在询问笔录上注明情况。

②勘验检查案件有关物品或者现场时，应当通知当事人到场，制作《勘验检查笔录》，当事人拒不到场的，可请在场的其他人员见证。

③对需要采取抽样调查的，应当制作《抽样取证凭证》，需要妥善保管的应当妥善保管，需要退回的应当退回。

④对涉及专门性问题的，应当指派或者聘请有专业知识和技术能力的部门和人员进行鉴定，并制作《鉴定意见书》。

⑤证据可能灭失或者以后难以取得的情况下，经交通管理部门负责人批准，可以先行登记保存，制作《证据登记保存清单》，并应当在7日内作出处理决定。

（2）案件调查人员如果是本案的当事人或者其近亲属，或者本人或其近亲属与本案有利害关系，或者与本案当事人有其他关系，可能影响案件的公正处理，应当回避。当事人也有权向交通管理部门申请要求回避。案件调查人员的回避，由交通管理部门负责人决定。回避决定作出之前，案件调查人员不得擅自停止对案件的调查处理。

（3）案件调查人员在初步调查结束后，认为案件事实基本清楚，主要证据齐全，应当制作《交通违法行为调查报告》，提出处理意见，报送交通管理部门负责人审查。交通管理部门负责人对《交通违法行为调查报告》审核后，认为应当给予行政处罚的，交通管理部门应当制作《交通违法行为通知书》，送达当事人，告知拟给予的处罚及事实、理由和依据，并告知当事人可以在收到该通知书之日起3日内进行陈述和申辩，符合听证条件的可以要求组织听证。

（4）案件调查完毕后，交通管理部门负责人应当及时审查有关案件调查材料、当事人陈述和申辩材料、听证会笔录和听证会报告书，根据不同情况分别作出如下处理决定。

①违法事实清楚，证据确凿充分，依法不需要经过听证程序的案件，根据情节轻重，作出处罚决定。

②应当经过听证程序处理的案件，适用听证程序后作出处理决定。

③案件还需要做进一步调查处理的，责令案件调查人员补充调查。

④违法行为轻微，依法可以不予行政处罚的，不予行政处罚。

⑤违法事实不能成立的，不得给予行政处罚。

⑥违法行为已构成犯罪的，应当将案件有关材料移送有管辖权的司法机关处理。

案情复杂或者有重大违法行为需要给予较重行政处罚的，应当集体讨论。

（5）交通行政处罚案件听证会由主持人、案件调查人员、当事人或者其委托代理人、证人、书记员参加。听证会主持人由交通管理部门负责人指定的法制机构工作人员或者其他相应人员担任。听证程序如下。

①听证会主持人宣布听证会开始，宣布案由和听证会纪律，宣布和核对听证参加人员名单。

②案件调查人员介绍案件的违法事实和调查过程，宣读或者出示案件的证据，说明拟作出的行政处罚的内容及依据。

③当事人或者其委托代理人对案件的事实、证据、适用的法律依据及拟作出的行政处罚内容进行质证的申辩。

④听证会主持人就案件的有关问题向当事人、案件调查人员、证人询问。

⑤当事人或者其委托代理人做最后陈述。

⑥当事人或者其委托代理人阅读、修改《交通行政处罚案件听证会笔录》，并签字或者盖章。

听证主持人应在听证会结束后将听证情况和处理意见制作成《交通行政处罚案件听证会报告书》。

（6）交通行政处罚决定依法作出后，当事人对行政处罚决定不服申请行政复议或者提起行政诉讼的，除法律另有规定外，行政处罚不停止执行。

第三节 行政复议

案例链接

行政处罚依法办，复议来了也不怕

某市运政执法人员在对一辆大客车进行检查时发现，这辆属于某客运公司的省际包车使用临时线路牌进行班线运输，经调查发现，该客运公司未取得相应线路的班线经营许可，大客车也未随车携带行车路单或者《道路客运班线经营许可证明》复印件，执法人员在制作询问笔录并现场录像后，开具了交通运输行政处罚通知书，并暂扣了大客车的道路运输证和临时线路牌。几天后，该市运管部门对客运公司作出责令停止经营，并处3万元罚款的行政处罚。客运公司表示不服，随后向省级运管部门递交了行政复议申请书。该市运管部门在接到行政复议申请，对案件的执行过程进行调查后认为：

1. 本案证据合法确凿

本案证据包括驾驶员询问笔录一份、乘客询问笔录二份、现场笔录一份、现场执法录像一份，均按法定程序取得，可以证明客运公司超越许可事项从事道路客运经营。

2. 适用依据正确

《道路旅客运输及客运站管理规定》第四十四条规定，客运经营者应当按照道路运输管理机构决定的许可事项从事客运经营活动。第六十条规定，遇有下列情况之一，客运车辆可凭临时客运标志牌运行：（一）原有正班车已经满载，需要开行加班车的；（二）因车辆抛锚、维护等原因，需要接驳或者顶班的；（三）正式班车客运标志牌正在制作或者不慎灭失，等待领取的。第六十一条规定，凭临时客运标志牌运营的客车应当按正班车的线路和站点运行。属于加班或者顶班的，还应当持有始发站签章并注明事由的当班行车路单；班车客运标志牌正在制作或者灭失的，还应当持有该条班线的《道路客运班线经营许可证明》或者《道路客运班线经营行政许可决定书》的复印件。

当事人未取得班线客运经营许可，又不符合使用临时线路牌的条件，其行为是超越许可事项从事客运经营，适用《道路旅客运输及客运站管理规定》第八十四条（超越许可事项，从事道路客运经营的，由县级以上道路运输管理机构责令停止经营；有违法所得的，没收违法所得，处违法所得2倍以上10倍以下的罚款；没有违法所得或者违法所得不足2万元的，处3万元以上10万元以下的罚款；构成犯罪的，依法追究刑事责任）对其进行处罚。

3. 执法程序合法

执法人员严格依照法定程序执法，向当事人及有关人员出示执法证件，仔细调查，依法收集证据，听取当事人的陈述和申辩，告知当事人的权利，送达相关法律文书，作出行政处罚决定。行政处罚程序合法。

……

省级运管部门在审查后认为该市运管部门认定事实清楚，证据确凿，适用依据正确，程序合法，内容适当，作出了维持行政处罚的复议决定。

运政执法人员一方面应严格依法行政，尽量减小将来发生行政复议的可能，另一方面也应储备行政复议的相关知识，在出现行政复议时知道如何应对。

一、行政复议的概念

行政复议是指行政相对人认为行政机关的具体行政行为侵犯其合法权益，依法向法定的行政机关提出申请，由受理机关根据法定程序对具体行政行为的合法性和适当性进行审查并作出相应决定的活动。

案例链接

行政复议延伸知识

我国的行政复议实行一级复议制，也就是说对行政行为的复议以一级复议机关的复议决定为最终决定，当事人不得再向上一级机关或其他机关申请复议。

在行政复议与行政诉讼的关系上，我国并不要求必须先提出行政复议，然后才能提出行政诉讼，而是可以由当事人自由选择是提出行政复议，还是直接向法院起诉（特殊情况除外）。

哪些情况下，道路运输行政相对人可以申请行政复议呢？

（1）对行政机关作出的警告、罚款、没收违法所得、没收非法财物、责令停产停业、暂扣或者吊销许可证、暂扣或者吊销执照、行政拘留等行政处罚决定不服的。

（2）对行政机关作出的限制人身自由或者查封、扣押、冻结财产等行政强制措施决定不服的。

（3）对行政机关作出的有关许可证、执照、资质证、资格证等证书变更、中止、撤销的决定不服的。

（4）认为行政机关侵犯合法的经营自主权的。

（5）认为符合法定条件，申请行政机关颁发许可证、执照、资质证、资格证等证书，或者申请行政机关审批、登记有关事项，行政机关没有依法办理的。

（6）认为行政机关的其他具体行政行为侵犯其合法权益的。

本节开始的案例中，客运公司就是因为对运管机构作出的责令停止经营和罚款决定不服，所以提出了行政复议申请。

二、行政复议的程序

行政复议的程序大体分为申请、受理、审理和决定四个步骤。

1. 申请

公民、法人或者其他组织认为具体行政行为侵犯其合法权益的，可以自知道该具体行政行为之日起60日内提出行政复议申请（法律对申请期限另有规定的除外），其中申请行政复议的公民、法人或其他组织是申请人，作出具体行政行为的行政机关是被申请人，与该具体行政行为有利害关系的其他公民、法人或其他组织可以作为第三人参加行政复议。本节开篇的案例中，客运公司是申请人，该市运管机构是被申请人。

申请人申请行政复议，可以书面申请，也可以口头申请。对县级以上地方各级人民政府工作部门的具体行政行为不服的，由申请人选择，可以向该部门的本级人民政府申请行政复议，也可以向上一级主管部门申请行政复议。开篇案例中，客运公司即是向上一级主管部门（省级运管部门）提出了书面行政复议申请。

2. 受理

行政复议机关在收到行政复议申请后，应在5日内进行审查，审查结果有以下3种。具体见下表。

行政复议的审查结果

申请情况	处理结果
不符合《行政复议法》规定	书面告知申请人不予受理
符合《行政复议法》规定，但不属于本机关受理	告知申请人向有关机关提出
符合《行政复议法》规定，属于本机关受理	自行政复议机关负责法制工作的机构收到之日起即为受理

需要注意的是，行政复议期间，具体行政行为不停止执行。本节开始案例中的客运公司虽然对行政处罚决定不服，提出了行政复议申请，但是在行政复议期间，客运公司该停

止经营还是得停止经营，该缴纳罚款还是得缴纳罚款。当然，如果有下列情形之一，具体行政行为可以停止执行。

（1）被申请人认为需要停止执行。

（2）行政复议机关认为需要停止执行。

（3）申请人申请停止执行，行政复议机关认为其要求合理，决定停止执行。

（4）法律规定停止执行。

3. 审理

行政复议机关负责法制工作的机构应当自行政复议申请受理之日起7日内，将行政复议申请书副本或者行政复议申请笔录复印件发送被申请人。被申请人应当自收到申请书副本或者申请笔录复印件之日起10日内，提出书面答复，并提交当初作出具体行政行为的证据、依据和其他有关材料。申请人、第三人可以查阅被申请人提出的有关材料，除涉及国家秘密、商业秘密或者个人隐私外，行政复议机关不得拒绝。

行政复议原则上采取书面审查的方法，审查的材料包括申请人提交的行政复议申请书，被申请人提交的书面答复、当初作出具体行政行为的证据依据和其他有关材料。书面审查简便高效，有利于行政复议机关及时审结复议案件。但是，如果申请人提出要求或者行政复议机关负责法制工作的机构认为有必要时，可以向有关组织和人员调查情况，听取申请人、被申请人和第三人的意见。

4. 决定

行政复议机关负责法制工作的机构应当在审理结束后提出意见，然后经行政复议机关负责人同意或者集体讨论通过后，作出行政复议决定，行政复议决定有以下4种。

行政复议决定及适用情况

行政复议决定	适 用 情 况
决定维持具体行政行为	具体行政行为认定事实清楚，证据确凿，适用依据正确，程序合法，内容适当
决定被申请人在一定期限内履行法定职责	被申请人不履行法定职责
决定撤销、变更或者确认具体行政行为违法	具体行政行为有下列情形之一： （1）主要事实不清、证据不足； （2）适用依据错误； （3）违反法定程序； （4）超越或者滥用职权； （5）明显不当
决定撤销具体行政行为	被申请人不依法提出书面答复、提交当初作出具体行政行为的证据、依据和其他有关材料

行政复议机关决定撤销或者确认具体行政行为违法的，可以责令被申请人在一定期限内重新作出具体行政行为，被申请人不得以同一的事实和理由作出与原具体行政行为相同或者基本相同的具体行政行为。

行政复议机关一般应在受理申请之日起60日内作出行政复议决定，并制作行政复议决定书，决定书一经送达即发生法律效力。

第四节 行政强制

案例链接

先是超期扣车，又致车辆损坏

2012年12月8日中午11点左右，在某市打工的黄先生骑着摩托车路遇一名女子希望搭车，女子说可以给15元，黄先生一听顺路，就答应了女子的请求。两人行驶到一个路口等红灯时，一辆面包车在旁边停了下来，几名执法人员将两人拦住审问，随后以非法营运为由，将黄先生的摩托车扣押，执法人员开具了《××省道路运输行政执法管理车辆暂扣凭证》，要求黄先生在15日内前往该市道路运输管理处接受罚款2000元的处罚。黄先生觉得自己很冤枉，没有在限期内接受处罚，而是找了律师希望维权。

2013年3月15日，黄先生到运管处领了《交通违法行为通知书》，并当场提交了《陈述申辩书》。3月26日，运管处回复黄先生的申辩：罚款减免到300元，但要写检讨保证书。黄先生还是不想缴纳罚款，并且此时黄先生的摩托车已被扣押了快4个月，他于是以运管处违法超期扣押摩托车为由，将运管处起诉至法院。经法院调解，双方同意：黄先生不起诉运管处违法超期扣车的行为，运管处承诺不罚款并无条件放车。

4月17日，黄先生领回了被扣的摩托车，可是此时风波又起，因为他发现自己的摩托车电瓶毁损、号牌被拆、围边护栏损坏。黄先生于是向运管处提出了赔偿申请，正当他等待处理结果时，却收到了《行政强制执行催告书》，运管处推翻了不罚款的承诺。催告书显示《行政处罚决定书》已于3月18日送达，黄先生在规定期限内不起诉、不复议、不履行处罚，《行政处罚决定书》已经生效，故申请法院强制执行。黄先生称自己并没有收到《行政处罚决定书》，上面的签名是伪造的，随后再次将运管处告上法庭。

黄先生不在限期内接受处罚是他的不对，运管处完全可以依法照章办事，走正常的强制执行流程，让黄先生挑不出错儿来。但是运管处却昏招迭出，不仅不按期送达《交通违法行为通知书》和《行政处罚决定书》，超期扣车，还不好好保管致使摩托车损坏，最后还单方面撕毁调解协议，等于亲自将把柄送到了黄先生手里。

行政相对人不履行义务时，行政机关可以依法直接或者申请人民法院采取强制措施，促使行政相对人履行义务。行政强制涉及到对公民人身自由以及公民、法人、其他组织财产的限制控制，因此必须适当，应坚持教育与强制相结合，能采用非强制手段达到行政管理目的的，不得设定和实施行政强制。

一、行政强制的种类

行政强制包括行政强制措施和行政强制执行。

行政强制措施，是指行政机关在行政管理过程中，为制止违法行为、防止证据损毁、避免危害发生、控制危险扩大等情形，依法对公民的人身自由实施暂时性限制，或者对公民、法人或者其他组织的财物实施暂时性控制的行为。

行政强制执行，是指行政机关或者行政机关申请人民法院，对不履行行政决定的公民、法人或者其他组织，依法强制履行义务的行为。行政强制措施和行政强制执行的种类，如下表所示。

行政强制措施和行政强制执行的种类

类别	种类
行政强制措施	限制公民人身自由
	查封场所、设施或者财物
	扣押财物
	冻结存款、汇款
	其他
行政强制执行	加处罚款或者滞纳金
	划拨存款、汇款
	拍卖或者依法处理查封、扣押的场所、设施或者财物
	排除妨碍、恢复原状
	代履行
	其他

二、行政强制措施的实施

行政强制措施应由法律法规规定的行政机关具备资格的行政执法人员在法定职权范围内实施。对情节显著轻微或者没有明显社会危害的违法行为，可以不采取行政强制措施。行政执法人员在实施行政强制措施时，应当遵守下列规定。

（1）实施前须向行政机关负责人报告并经批准；

（2）由两名以上行政执法人员实施；

（3）出示执法身份证件；

（4）通知当事人到场；

（5）当场告知当事人采取行政强制措施的理由、依据以及当事人依法享有的权利、救济途径；

（6）听取当事人的陈述和申辩；

（7）制作现场笔录；

（8）现场笔录由当事人和行政执法人员签名或者盖章，当事人拒绝的，在笔录中予以注明；

（9）当事人不到场的，邀请见证人到场，由见证人和行政执法人员在现场笔录上签名或者盖章；

（10）法律、法规规定的其他程序。

情况紧急，需要当场实施行政强制措施的，行政执法人员应当在24小时内向行政机关负责人报告，并补办批准手续。行政机关负责人认为不应当采取行政强制措施的，应当立即解除。

实施查封、扣押的行政强制措施时，执法人员应注意下列事项。

（1）由法律、法规规定的行政机关实施，查封、扣押限于涉案的场所、设施或者财物，不得查封、扣押与违法行为无关的场所、设施或者财物。

（2）实施查封、扣押应当履行规定的程序，制作并当场交付查封、扣押决定书和清单。

（3）查封、扣押的期限不得超过30日；情况复杂的，经行政机关负责人批准，可以延长，但是延长期限不得超过30日。法律、行政法规另有规定的除外。延长查封、扣押的决定应当及时书面告知当事人，并说明理由。

（4）对物品需要进行检测、检验、检疫或者技术鉴定的，查封、扣押的期间不包括检测、检验、检疫或者技术鉴定的期间。检测、检验、检疫或者技术鉴定的期间应当明确，并书面告知当事人。检测、检验、检疫或者技术鉴定的费用由行政机关承担。

（5）对查封、扣押的场所、设施或者财物，行政机关应当妥善保管，不得使用或者损毁；造成损失的，应当承担赔偿责任。对查封的场所、设施或者财物，行政机关可以委托第三人保管，第三人不得损毁或者擅自转移、处置。因第三人的原因造成的损失，行政机关先行赔付后，有权向第三人追偿。因查封、扣押发生的保管费用由行政机关承担。

（6）行政机关采取查封、扣押措施后，应当及时查清事实，在规定的期限内作出处理决定。对违法事实清楚，依法应当没收的非法财物予以没收；法律、行政法规规定应当销毁的，依法销毁；应当解除查封、扣押的，作出解除查封、扣押的决定。

（7）有下列情形之一的，行政机关应当及时作出解除查封、扣押决定：

①当事人没有违法行为；

②查封、扣押的场所、设施或者财物与违法行为无关；

③行政机关对违法行为已经作出处理决定，不再需要查封、扣押；

④查封、扣押期限已经届满；

⑤其他不再需要采取查封、扣押措施的情形。

解除查封、扣押应当立即退还财物；已将鲜活物品或者其他不易保管的财物拍卖或者变卖的，退还拍卖或者变卖所得款项。变卖价格明显低于市场价格，给当事人造成损失的，应当给予补偿。

三、行政强制执行的程序

行政机关依法作出行政决定后，当事人在行政机关决定的期限内不履行义务的，具有行政强制执行权的行政机关可以依法强制执行，没有行政强制执行权的行政机关应当申请人民法院强制执行。

行政机关作出强制执行决定前，应当事先书面催告当事人履行义务。当事人收到催告书后有权进行陈述和申辩。行政机关应当充分听取当事人的意见，对当事人提出的事实、理由和证据，应当进行记录、复核。当事人提出的事实、理由或者证据成立的，行政机关应当采纳。

经催告，当事人逾期仍不履行行政决定，且无正当理由的，行政机关可以作出强制执行决定。强制执行决定应当以书面形式作出，并载明下列事项：

（1）当事人的姓名或者名称、地址；

（2）强制执行的理由和依据；

（3）强制执行的方式和时间；

（4）申请行政复议或者提起行政诉讼的途径和期限；

（5）行政机关的名称、印章和日期。

第五节 行政诉讼

案例链接

设套处罚，运管被当事人提起行政诉讼

2012年6月26日下午5点左右，某市的王先生驾驶私家车途经市公安局时，看到两人向他招手，他认出这两人是自己父亲退休前在运管处的同事，想着此时不好打车，就合计着捎他们一程。快到目的地时，一人突然发问：“到这多少钱？”因为家里有出租汽车，王先生顺着话茬答道：“打表应该是9块。”谁知这人突然拿出20元钱给王先生，随后拔了他的车钥匙，两人下了车，又来了另一名运管处的执法人员，三人出示证件，以非法营运为由扣了王先生的车。事后，运管处决定给予王先生罚款8000元的行政处罚。

缴纳罚款当天，王先生发现《询问笔录》记录的内容和事实不符，气愤地与当时乘车的两人理论了起来，他把谈话过程录了音，随后以运管处非法搜集证据，侵害公民合法权益为由提起行政诉讼。庭审时，王先生出示了录音资料，录音显示，运管处执法人员是在领导的指示下给王先生下了套，就是要把他“弄进来”，而运管处并未能提供王先生违法载客的视频资料。

2013年7月10日，法院作出判决，运管处在道路运输稽查工作中，采用暗访的方式掌握证据，但暗访是指行政执法人员以公民身份正常行使民事权利，为行政执法提供违法当事人违法行为的证据，不是执法行为。暗访人员只能以证人身份提供存在违法行为的证人证言，不能作为执法人员参与行政执法活动。运管处的两名工作人员在暗访取证后，又参与对王先生进行询问调查的执法活动，制作询问笔录，以此作为对王先生进行处罚的主要依据。运管处的执法方式影响了证据的合法性和真实性，王先生也对此提出了异议，因此运管处作出的行政处罚决定主要证据不足，应予撤销。

行政诉讼是公民、法人或其他组织认为行政机关的具体行政行为侵犯其合法权益而向人民法院提起诉讼，由人民法院依法审理并作出裁判的活动。行政诉讼是司法机关对行政机关进行监督的方式，是解决行政争议的一项重要法律制度。

一、行政机关在行政诉讼中的角色

公民、法人或者其他组织直接向人民法院提起诉讼的，作出行政行为的行政机关是被告。

经复议的案件，复议机关决定维持原行政行为的，作出原行政行为的行政机关和复议机关是共同被告；复议机关改变原行政行为的，复议机关是被告。

复议机关在法定期限内未作出复议决定，公民、法人或者其他组织起诉原行政行为的，作出原行政行为的行政机关是被告；起诉复议机关不作为的，复议机关是被告。

两个以上行政机关作出同一行政行为的，共同作出行政行为的行政机关是共同被告。

行政机关委托的组织所作的行政行为，委托的行政机关是被告。

行政机关被撤销或者职权变更的，继续行使其职权的行政机关是被告。

二、证据

行政诉讼的证据包括书证、物证、视听资料、电子数据、证人证言、当事人的陈述、鉴定意见、勘验笔录、现场笔录，这些证据要经过法庭审查属实，才能作为认定案件事实的依据。

在行政诉讼中，被告负有举证责任，应当提供作出具体行政行为的证据和所依据的规范性文件。被告不提供或者无正当理由逾期提供证据，一般视为没有相应证据。被告因不可抗力等正当事由不能提供证据时，经人民法院准许可以延期提供。如果原告或第三人提出了其在行政处理程序中没有提出的理由或者依据，经人民法院准许，被告可以补充证据。

在诉讼过程中，被告及其诉讼代理人不得自行向原告、第三人和证人收集证据。

以非法手段取得的证据，不得作为认定案件事实的根据。

三、行政机关在行政诉讼中的注意事项

（1）诉讼期间，不停止行政行为的执行。但有下列情形之一的，裁定停止执行：

①被告认为需要停止执行的；

②原告或者利害关系人申请停止执行，人民法院认为该行政行为的执行会造成难以弥补的损失，并且停止执行不损害国家利益、社会公共利益的；

③人民法院认为该行政行为的执行会给国家利益、社会公共利益造成重大损害的；

④法律、法规规定停止执行的。

当事人对停止执行或者不停止执行的裁定不服的，可以申请复议一次。

（2）人民法院会在立案之日起5日内将起诉状副本发送被告。被告应当在收到起诉状副本之日起15日内向人民法院提交作出行政行为的证据和所依据的规范性文件，并提出答辩状。

（3）人民法院判决被告重新作出行政行为的，被告不得以同一的事实和理由作出与原行政行为基本相同的行政行为。

（4）公民、法人或者其他组织拒绝履行判决、裁定、调解书的，行政机关或者第三人可以向第一审人民法院申请强制执行，或者由行政机关依法强制执行。公民、法人或者其他组织对行政行为在法定期限内不提起诉讼又不履行的，行政机关可以申请人民法院强制执行，或者依法强制执行。

（5）行政机关拒绝履行判决、裁定、调解书的，第一审人民法院可以采取下列措施。

①对应当归还的罚款或者应当给付的款额，通知银行从该行政机关的账户内划拨。

②在规定期限内不履行的，从期满之日起，对该行政机关负责人按日处50元至100元的罚款。

③将行政机关拒绝履行的情况予以公告。

④向监察机关或者该行政机关的上一级行政机关提出司法建议。接受司法建议的机关，根据有关规定进行处理，并将处理情况告知人民法院。

⑤拒不履行判决、裁定、调解书，社会影响恶劣的，可以对该行政机关直接负责的主管人员和其他直接责任人员予以拘留；情节严重，构成犯罪的，依法追究刑事责任。

第六节　国家赔偿

案例链接

追车执法致人受伤，运管需赔偿

2010年5月26日上午，某县的宁某等人，乘坐同村尹某的三轮摩托车赶集，尹某并没有摩托车驾驶证，其摩托车也没有牌照。一行人快到农贸市场时，被运管所的执法人员发现，尹某为了逃避检查，立刻驾车超速驶离，执法人员驱车追赶，尹某逃出一段距离后三轮摩托车发生了侧翻，导致宁某受伤。经司法鉴定，宁某构成四级伤残，完全丧失劳动能力。11月，宁某向运管所提出行政赔偿申请，遭到拒绝，随后宁某将运管所告上了法庭。

法庭审理认为，运管所对客运进行执法检查，没有超出法定权限。但根据《道路运输条例》，道路运输管理的目的之一是“保障道路运输安全，保护道路运输有关各方当事人的合法权益”。根据《交通行政执法检查行为规范》，实施行政执法检查时，遇有行政相对人拒绝接受检查的，执法人员不得强行拦截车（船），也不得追截。本案发生在集市上，运管所的执法人员在载满乘客的摩托车超速逃跑时紧追不舍，对行政相对人及其他群众的生命财产安全造成威胁，违背了交通行政执法的目的、规范。虽然尹某违法驾车载客是造成宁某受伤的主要原因，但执法人员追车也是导致摩托车侧翻的原因之一。《国家赔偿法》第三条规定，行政机关及其工作人员在行使行政职权时有造成公民身体伤害或者死亡的违法行为时，受害人有取得赔偿的权利。本案中尹某和运管所属于混合侵权，应分别承担赔偿责任。

运政执法人员在行使职权时，如果侵犯公民、法人和其他组织合法权益，造成损害，符合《国家赔偿法》相关规定的，受害人有权取得国家赔偿。

一、行政赔偿范围和赔偿义务机关

国家赔偿是有一定的范围的，符合条件的才会赔偿，具体见下表。

行政赔偿的范围

人身权受到侵害，有权取得赔偿	（1）违法拘留或者违法采取限制公民人身自由的行政强制措施的； （2）非法拘禁或者以其他方法非法剥夺公民人身自由的； （3）以殴打、虐待等行为或者唆使、放纵他人以殴打、虐待等行为造成公民身体伤害或者死亡的； （4）违法使用武器、警械造成公民身体伤害或者死亡的； （5）造成公民身体伤害或者死亡的其他违法行为
财产权受到侵害，有权取得赔偿	（1）违法实施罚款、吊销许可证和执照、责令停产停业、没收财物等行政处罚的； （2）违法对财产采取查封、扣押、冻结等行政强制措施的； （3）违法征收、征用财产的； （4）造成财产损害的其他违法行为
国家不承担赔偿责任	（1）行政机关工作人员与行使职权无关的个人行为； （2）因公民、法人和其他组织自己的行为致使损害发生的； （3）法律规定的其他情形

行政机关及其工作人员行使行政职权侵犯公民、法人和其他组织的合法权益造成损害的，该行政机关为赔偿义务机关。两个以上行政机关共同行使行政职权时侵犯公民、法人和其他组织的合法权益造成损害的，共同行使行政职权的行政机关为共同赔偿义务机关。法律、法规授权的组织在行使授予的行政权力时侵犯公民、法人和其他组织的合法权益造成损害的，被授权的组织为赔偿义务机关。受行政机关委托的组织或者个人在行使受委托的行政权力时侵犯公民、法人和其他组织的合法权益造成损害的，委托的行政机关为赔偿义务机关。赔偿义务机关被撤销的，继续行使其职权的行政机关为赔偿义务机关；没有继续行使其职权的行政机关的，撤销该赔偿义务机关的行政机关为赔偿义务机关。经复议机关复议的，最初造成侵权行为的行政机关为赔偿义务机关，但复议机关的复议决定加重损害的，复议机关对加重的部分履行赔偿义务。

二、行政赔偿程序

行政赔偿的第一步是赔偿请求人递交申请书，提出赔偿要求。赔偿义务机关应当自收到申请之日起2个月内，作出是否赔偿的决定。赔偿义务机关作出赔偿决定，应当充分听取赔偿请求人的意见，并可以与赔偿请求人就赔偿方式、赔偿项目和赔偿数额依照《国家赔偿法》规定进行协商。

赔偿义务机关决定赔偿的，应当制作赔偿决定书，并自作出决定之日起10日内送达赔偿请求人。赔偿义务机关决定不予赔偿的，应当自作出决定之日起10日内书面通知赔偿请求人，并说明不予赔偿的理由。

赔偿义务机关赔偿损失后，应当责令有故意或者重大过失的工作人员或者受委托的组织或者个人承担部分或者全部赔偿费用。对有故意或者重大过失的责任人员，有关机关应当依法给予处分；构成犯罪的，应当依法追究刑事责任。

??? 课后思考题

案例1:

张某欲成立一家客运公司，向运管机构提出客运经营申请，运管机构表示根据本机构文件指示，申请者必须具有本科以上学位，刚好张某确实是大学本科毕业，他按运管机构的要求交了20块钱，领了一张申请书回去填写。第二天，张某交齐了申请材料，工作人员受理了他的申请。之后工作人员李某在审查材料时，发现张某的某份材料系伪造，但由于二人是朋友，李某隐瞒了真实情况，最后运管机构作出了准予道路客运经营许可决定。几个月后，张某伪造材料的事情败露，被撤销了行政许可，但期间张某已投入了场地租金、车辆购置费等20万元。

请问：案例中运管机构及其工作人员有哪些违法行为？运管机构撤销行政许可，需要对张某已经投入的资金进行赔偿吗？

答：案例中运管机构及其工作人员有3种违法行为。第一，运管机构的内部文件无权给行政许可附加任何限制条件，客运经营许可条件由《道路运输条例》设定，其中并不包含要求申请者必须本科毕业的限制，根据《行政许可法》相关规定，行政法规、地方性法规和规章可以在上位法设定的行政许可事项范围内，对实施该行政许可作出具体规定，但不得增设行政许可，具体规定不得增设违反上位法的其他条件，而且除此之外的其他规范性文件一律不得设定行政许可。第二，运管机构收费提供申请书格式文本是违法的，《行政许可法》第五十八条规定，行政机关提供行政许可申请书格式文本，不得收费。第三，工作人员李某发现张某伪造材料隐瞒不报，使其取得了经营许可，违反了《行政许可法》第六十九条规定。

运管机构撤销行政许可，无需对张某进行赔偿，因为张某的损失是由于其自身伪造材料造成的，不是由于运管机构的违法行为造成的。

案例2:

某县运管所接到举报称赵某涉嫌非法营运，该所执法人员周某被指派前往检查，见到正要出车的赵某后，周某出示证件表明执法身份，以赵某违反《道路运输条例》第六十三条规定为由，当场对赵某作出罚款3万元的行政处罚决定。赵某对周某不充分调查事实就罚款表示不服，不断进行申诉，周某以赵某接受行政处罚态度恶劣、情节严重为由加重处罚，罚款提高至35000元。之后运管所制作了行政处罚决定书，10日后送达赵某。

请问：案例中运管所及其执法人员有哪些违法行为？请一一指出。

答：（1）运管所只指派1名工作人员前往调查案件，违反了《行政处罚法》第三十七条“行政机关在调查或者进行检查时，执法人员不得少于两人”的规定。

（2）执法人员周某适用了简易程序当场作出行政处罚决定，但本案罚款金额较大，并不适用简易程序，周某的行为违反了《行政处罚法》第三十三条“违法事实确凿并有法定依据，对公民处以五十元以下、对法人或者其他组织处以一千元以下罚款或者警告的行政处罚的，可以当场作出行政处罚决定”的规定。

（3）周某未对案件进行全面、客观、公正的调查，直接就进行处罚，违反了《行政处罚法》第三十六条“除本法第三十三条规定的可以当场作出的行政处罚外，行政机关发现公民、法人或者其他组织有依法应当给予行政处罚的行为的，必须全面、客观、公正地调查，收集有关证据”的规定。

（4）周某不听取赵某的申辩，因赵某申辩而加重处罚，违反了《行政处罚法》第三十二条“当事人有权进行陈述和申辩。行政机关必须充分听取当事人的意见，对当事人提出的事实、理由和证据，应当进行复核；当事人提出的事实、理由或者证据成立的，行政机关应当采纳。行政机关不得因当事人申辩而加重处罚”的规定。

（5）周某作出行政处罚决定前，未告知赵某其依法享有的权利，违反了《行政处罚法》第三十一条“行政机关在作出行政处罚决定之前，应当告知当事人作出行政处罚决定的事实、理由及依据，并告知当事人依法享有的权利”的规定。

（6）行政处罚决定书送达时间违法，《行政处罚法》第四十条规定，行政处罚决定书应当在宣告后当场交付当事人；当事人不在场的，行政机关应当在七日内依照民事诉讼法的有关规定，将行政处罚决定书送达当事人。

第三章　道路运输实体法

道路运输实体法是指以《道路运输条例》为龙头的一系列道路运输相关法规，它们是运政执法人员执法的基本依据，每个执法人员都应当熟练掌握。

第一节　道路运输经营

道路运输经营包括道路旅客运输经营和道路货物运输经营。道路客运经营是指用客车运送旅客、为社会公众提供服务、具有商业性质的道路客运活动。道路货运经营是指为社会提供公共服务、具有商业性质的道路货运活动。

一、道路客运经营

案例链接

客车抢客引纠纷，运管手段很乏力

2013年11月，某市A县到B县的县际道路上，出现了几起客车抢客引发纠纷的事件，严重威胁到了运输安全。原来，A县—B县县际班车和A县县城—C镇农村客运班车的线路在这里有约20公里的重叠（A县县城到该县D乡），县际班车对这段重叠路段上的客流来者不拒，与农村客运班车争夺市场，带来了极大的安全隐患。有农村客运班车的驾驶员反映，县际班车驾驶员为了抢客，曾故意别车，将车卡在路边，险些造成翻车，严重威胁到车上乘客的安全。

A县运管所的工作人员表示，两条线路的客车确实因为抢客发生过几起险情，运管所为此特意召开了协调会议，要求双方公司把安全生产工作放在首位，错开发班时间，严禁开争抢斗气车。

但实际结果并不理想，尽管错开发班时间，但由于车速、路况的不确定性，两条线路的班车往往还是会碰到一起。农村客运班车所属公司的负责人认为，县际班车除途经的D乡站点外，并没有获得许可在沿途其他地方上下客，县际班车的行为违反了《道路旅客运输及客运站管理规定》第四十七条“客运班车应当按照许可的线路、班次、站点运行，在规定的途经站点进站上下旅客，无正当理由不得改变行驶线路，不得站外上客或者沿途揽客”的规定。而县际班车所属公司则表示，他们一直都是这样运营的，管理部门并没有提出异议。A县运管所的解释是，客规第四十七条所指的“站”是等级客运站，D乡车站并非等级车站，没有等级车站，县际班车就可以沿途上下客，而且老百姓这么多年养成的出行习惯，也不好改变。运管部门对这一系列事件的处理要求是：维持现状，和睦相处。

在利益驱使下，两家真的能够和睦相处吗？运管部门这样的处理，又是否正确？这个问题值得每个运政执法人员思考。

1. 道路客运经营的类型

道路客运经营包括班车（加班车）客运、包车客运和旅游客运。具体见下表。

道路客运经营的类型

类型	说明
班车客运	营运客车在城乡道路上按照固定的线路、时间、站点、班次运行的一种客运方式。
包车客运	以运送团体旅客为目的，将客车包租给用户安排使用，提供驾驶劳务，按照约定的起始地、目的地和路线行驶，按行驶里程或者包用时间计费并统一支付费用的一种客运方式。
旅游客运	以运送旅游观光的旅客为目的，在旅游景区内运营或者其线路至少有一端在旅游景区（点）的一种客运方式。

班车客运的线路根据经营区域和营运线路长度分为四种类型。具体见下表。

班车客运的线路类型

类　型	特　征
一类	地区所在地与地区所在地之间的客运班线；营运线路长度在800公里以上的客运班线
二类	地区所在地与县之间的客运班线
三类	非毗邻县之间的客运班线
四类	毗邻县之间的客运班线；县境内的客运班线

包车客运按照其经营区域分为省际包车客运和省内包车客运，省内包车客运分为市际包车客运、县际包车客运和县内包车客运。

旅游客运按照营运方式分为定线旅游客运和非定线旅游客运。其中定线旅游客运按照班车客运管理，非定线旅游客运按照包车客运管理。

2. 经营许可

道路客运经营申请者应当满足的条件如下表所示。

道路客运经营的申请条件

条件	具体要求
1. 有与经营业务相适应并经检测合格的客车	
2. 有符合规定条件的驾驶人员	取得相应的机动车驾驶证
	年龄不超过60周岁
	3年内无重大以上交通责任事故记录和交通违法记满12分记录
	经设区的市级道路运输管理机构对有关客运法规、机动车维修和旅客急救基本知识考试合格而取得相应从业资格证
3. 有健全的安全生产管理制度，包括安全生产操作规程、安全生产责任制、安全生产监督检查、驾驶人员和车辆安全生产管理的制度	
4. 申请从事道路客运班线经营，还应当有明确的线路和站点方案	

道路客运经营申请的受理单位见下表。

道路客运经营申请的受理单位

申请类型	受理单位
县级行政区域内客运经营	县级道路运输管理机构
省、自治区、直辖市行政区域内跨2个县级以上行政区域客运经营	共同的上一级道路运输管理机构
跨省、自治区、直辖市行政区域客运经营	所在地的省、自治区、直辖市道路运输管理机构

道路运输管理机构应当依法实施道路客运经营、道路客运班线经营的行政许可。具体流程如下图所示。

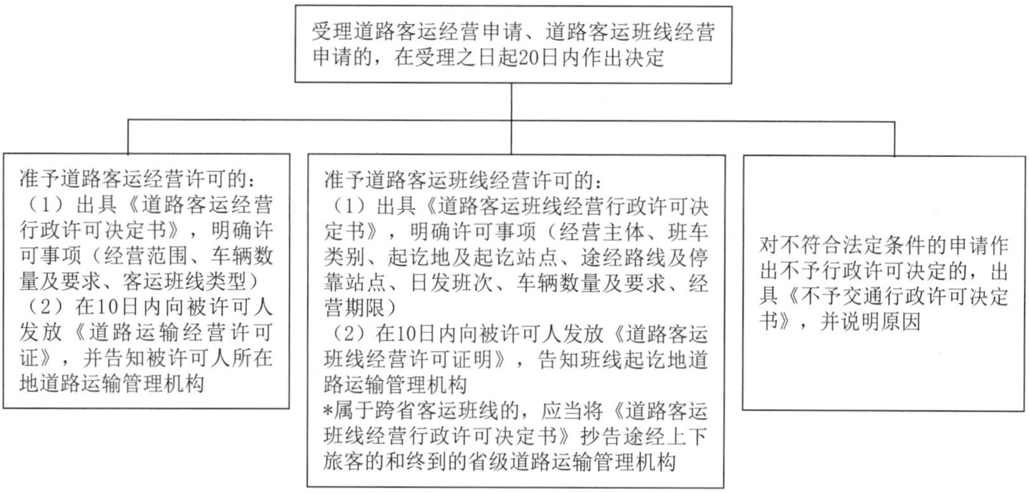

受理道路客运经营申请、道路客运班线经营申请的，在受理之日起20日内作出决定

准予道路客运经营许可的：
（1）出具《道路客运经营行政许可决定书》，明确许可事项（经营范围、车辆数量及要求、客运班线类型）
（2）在10日内向被许可人发放《道路运输经营许可证》，并告知被许可人所在地道路运输管理机构

准予道路客运班线经营许可的：
（1）出具《道路客运班线经营行政许可决定书》，明确许可事项（经营主体、班车类别、起讫地及起讫站点、途经路线及停靠站点、日发班次、车辆数量及要求、经营期限）
（2）在10日内向被许可人发放《道路客运班线经营许可证明》，告知班线起讫地道路运输管理机构
*属于跨省客运班线的，应当将《道路客运班线经营行政许可决定书》抄告途经上下旅客的和终到的省级道路运输管理机构

对不符合法定条件的申请作出不予行政许可决定的，出具《不予交通行政许可决定书》，并说明原因

行政许可流程

受理跨省客运班线经营申请的省级道路运输管理机构，应当在受理申请后7日内发征求意见函并附《道路旅客运输班线经营申请表》传真给途经上下旅客的和目的地省级道路运输管理机构征求意见；相关省级道路运输管理机构应当在10日内将意见传真给受理申请的省级道路运输管理机构，不予同意的，应当依法注明理由，逾期不予答复的，视为同意。相关省级道路运输管理机构对跨省客运班线经营申请持不同意见且协商不成的，由受理申请的省级道路运输管理机构通过其隶属的省级交通运输主管部门将各方书面意见和相关材料报交通运输部决定，并书面通知申请人。

对同一客运班线有3个以上申请人的，或者根据实际情况需要，道路运输管理机构可采取服务质量招投标的方式实施道路客运班线经营许可。相关省级道路运输管理机构协商确定通过服务质量招投标方式，实施跨省客运班线经营许可的，可采取联合招标、各自分别招标等方式进行。一省不实行招投标的，不影响另外一省进行招投标。

道路运输管理机构在审查客运申请时，应当考虑客运市场的供求状况、普遍服务和方便群众等因素。此外，县级以上道路运输管理机构应当定期向社会公布本行政区域内的客运运力投放、客运线路布局、主要客流流向和流量等情况。

二、道路货运经营

案例链接

加装导流罩=擅自改装？

因为货车头上有个导流罩，刘先生最近遇上了糟心事。某天上午，刘先生的货车被运政执法人员拦下，执法人员只量了货车的车头，就认定刘先生擅自加高了车辆，随后暂扣了他的相关证件，要求他限期到运管处接受处罚。两天后，刘先生来到运管处，工作人员向他开具了交通行政处罚决定书，以擅自改装车辆为由罚款1000元。刘先生虽然不太情愿，但怕反对引来更重的处罚，就迷迷糊糊先缴纳了罚款。

可是回到家，刘先生越想越来气："导流罩是买车的时候就带有的，又不是我自己改装的，怎么能说我擅自改装呢？"刘先生随后到车管所了解情况，车管所的工作人员表示导流罩是货车的选装件，可装可不装，但装了之后不应该被罚。听了这话，刘先生心里有底了，决定去运管处讨个说法。

刘先生将货车开到运管处的门口堵住大门表示抗议，吸引了一些群众围观，运管处的工作人员立刻做他的思想工作，最后刘先生同意将车挪走。随后的谈判中，刘先生表示自己的车没有超高，希望运管处退回1000元的罚款。运管处的工作人员表示，之前已经告诉刘先生，如果不服处罚可以进行申辩，要求听证，但他放弃了，缴纳了罚款，现在又通过过激行为讨说法，确实不应该，刘先生应该走正常的复议程序，不应该做出堵门这种不和谐的事情。不过最终，运管处还是同意退回刘先生的罚款。

这个案例中，双方都有做得不对的地方。运管处的执法人员在执法中机械套用数据，不能结合实际情况进行处理，是导致矛盾的直接原因。而刘先生放着正确的维权渠道不用，选择通过扰乱公务的方式表达自己的声音，既暴露出了他个人法律意识的淡薄，也显示了有关部门普法工作的缺失。

1. 道路货运经营的类型

道路货运经营包括道路普通货运、道路货物专用运输、道路大型物件运输和道路危险货物运输。

道路普通货物运输是指因货物本身的性质普通，在装卸、运送、保管过程中对运输车辆没有特殊要求的货物运输。

道路货物专用运输，是指使用集装箱、冷藏保鲜设备、罐式容器等专用车辆进行的货物运输。

道路大型物件运输是指用汽车运载具有超长、超高、超宽或质量超重等特点的大型物件的运输。

道路危险货物运输，是指使用载货汽车通过道路运输危险货物的作业全过程。

2. 经营许可

道路货运经营申请者应当满足的条件如下表所示。

道路货运经营的申请条件

<table>
<tr><td colspan="2">1. 有与其经营业务相适应并经检测合格的运输车辆</td></tr>
<tr><td rowspan="4">2. 有符合规定条件的驾驶人员</td><td>取得与驾驶车辆相应的机动车驾驶证</td></tr>
<tr><td>年龄不超过60周岁</td></tr>
<tr><td>3年内无重大以上交通责任事故和交通违法记满12分记录</td></tr>
<tr><td>经设区的市级道路运输管理机构对有关道路货物运输法规、机动车维修和货物及装载保管基本知识考试合格，并取得从业资格证</td></tr>
<tr><td colspan="2">3. 有健全的安全生产管理制度，包括安全生产责任制度、安全生产业务操作规程、安全生产监督检查制度、驾驶员和车辆安全生产管理制度等</td></tr>
</table>

道路货运经营行政许可由县级道路运输管理机构按照法定程序实施。道路运输管理机构对道路货运经营申请予以受理的，应当自受理之日起20日内作出许可或者不予许可的决定。准予行政许可的，应当出具《道路货物运输经营行政许可决定书》，明确许可事项，在10日内向被许可人颁发《道路运输经营许可证》，在《道路运输经营许可证》上注明经营范围。不予许可的，应当向申请人出具《不予交通行政许可决定书》。

三、监督管理

（1）任何单位和个人都不得为客货运经营者指定车辆维护企业。道路运输管理机构不得将车辆二级维护执行情况作为路检路查项目。

（2）县级以上道路运输管理机构应定期对客货运车辆进行审验，每年审验一次。审验内容包括：

①车辆违章记录；

②车辆技术档案；

③车辆结构、尺寸变动情况；

④按规定安装、使用符合国家标准的行车记录仪情况；

⑤客运经营者为客运车辆投保承运人责任险情况。

审验符合要求的，道路运输管理机构在《道路运输证》审验记录栏中注明；不符合要求的，应当责令限期改正或者办理变更手续。

（3）县级以上道路运输管理机构应当建立客货运车辆管理档案，并妥善保管。对相关内容的记载应当及时、完整和准确，不得随意更改。车辆管理档案的主要内容包括：车辆基本情况、二级维护和检测记录、技术等级评定记录、类型及等级评定记录（客车）、车辆变更记录、交通事故记录等。

（4）在春运、旅游“黄金周”或者发生突发事件等客流高峰期运力不足时，道路运输管理机构可临时调用车辆技术等级不低于三级的营运客车和社会非营运客车开行包车或者加班车。

（5）道路运输管理机构及其工作人员应当重点在客货运站、客货集散地对道路客货运、客货运站经营活动实施监督检查，根据管理需要，可以在公路路口实施监督检查，但不得随意拦截正常行驶的道路运输车辆，不得双向拦截车辆进行检查。实施监督检查时，应当有2名以上人员参加，并向当事人出示交通运输部统一制式的交通行政执法证件。

（6）道路运输管理机构的工作人员在实施道路运输监督检查过程中，发现客货运车辆有超载行为的，应当立即予以制止，对客车应采取相应措施安排旅客改乘，对货车应在装载符合标准后再放行。

（7）客货运经营者在许可的道路运输管理机构管辖区域外违法从事经营活动的，违法行为发生地的道路运输管理机构应当依法将当事人的违法事实、处罚结果记录到《道路运输证》上，并抄告作出道路运输经营许可的道路运输管理机构。

（8）县级以上道路运输管理机构在对违法的客货运经营者作出行政处罚决定的过程中，可以按照行政处罚法的规定将其违法证据先行登记保存。作出行政处罚决定后，客货运经营者拒不履行的，作出行政处罚决定的道路运输管理机构可以将其拒不履行行政处罚决定的事实通知违法车辆车籍所在地道路运输管理机构，作为能否通过车辆年度审验和决定质量信誉考核结果的重要依据。

（9）道路运输管理机构的工作人员在实施道路运输监督检查过程中，对没有《道路运输证》又无法当场提供其他有效证明的客货运车辆可以予以暂扣，并出具《道路运输车辆暂扣凭证》。对暂扣车辆应当妥善保管，不得使用，不得收取或者变相收取保管费用。违法当事人超过暂扣凭证规定的时间还不接受处理的，道路运输管理机构可依法作出处罚决定，并将处罚决定书送达当事人。当事人无正当理由逾期不履行处罚决定的，道路运输管理机构可申请人民法院强制执行。

四、法律责任

（1）客货运经营者有下列行为之一的，县级以上道路运输管理机构应责令停止经营；有违法所得的，没收违法所得，处违法所得2倍以上10倍以下的罚款；没有违法所得或者违法所得不足2万元的，处3万元以上10万元以下的罚款；构成犯罪的，依法追究刑事责任：

①未取得道路客货运经营许可，擅自从事道路客货运经营的；

②未取得道路客运班线经营许可，擅自从事班车客运经营的；

③使用失效、伪造、变造、被注销等无效的道路运输经营许可证件从事道路客货运经营的；

④超越许可事项，从事道路客货运经营的。

（2）客货运经营者非法转让、出租道路运输经营许可证件的，县级以上道路运输管理机构应责令停止违法行为，收缴有关证件，处2000元以上1万元以下的罚款；有违法所得的，没收违法所得。

（3）客运经营者有下列行为之一，县级以上道路运输管理机构应责令限期投保；拒不投保的，由原许可机关吊销《道路运输经营许可证》或者吊销相应的经营范围：

①未为旅客投保承运人责任险的；

②未按最低投保限额投保的；

③投保的承运人责任险已过期，未继续投保的。

（4）取得客货运经营许可的客货运经营者使用无《道路运输证》的车辆参加客货运经营的，县级以上道路运输管理机构应责令改正，处3000元以上1万元以下的罚款。客货运经营者不按照规定携带《道路运输证》的，县级以上道路运输管理机构应责令改正，处警告或者20元以上200元以下的罚款。

（5）客运经营者（含国际道路客运经营者）不按规定使用道路运输业专用票证或者转让、倒卖、伪造道路运输业专用票证的，县级以上道路运输管理机构应责令改正，处1000元以上3000元以下的罚款。

（6）客运经营者有下列情形之一的，县级以上道路运输管理机构应责令改正，处1000元以上3000元以下的罚款；情节严重的，由原许可机关吊销《道路运输经营许可证》或者吊销相应的经营范围：

①客运班车不按批准的客运站点停靠或者不按规定的线路、班次行驶的；

②加班车、顶班车、接驳车无正当理由不按原正班车的线路、站点、班次行驶的；

③客运包车未持有效的包车客运标志牌进行经营的，不按照包车客运标志牌载明的事项运行的，线路两端均不在车籍所在地的，按班车模式定点定线运营的，招揽包车合同以外的旅客乘车的；

④以欺骗、暴力等手段招揽旅客的；

⑤在旅客运输途中擅自变更运输车辆或者将旅客移交他人运输的；

⑥未报告原许可机关，擅自终止道路客运经营的。

（7）货运经营者有下列情形之一的，县级以上道路运输管理机构应责令改正，处1000元以上3000元以下的罚款；情节严重的，由原许可机关吊销道路运输经营许可证或者吊销其相应的经营范围：

①强行招揽货物的；

②没有采取必要措施防止货物脱落、扬撒的。

（8）客货运经营者已不具备开业要求的有关安全条件、存在重大运输安全隐患的，县级以上道路运输管理机构应责令限期改正；在规定时间内不能按要求改正且情节严重的，由原许可机关吊销《道路运输经营许可证》或者吊销相应的经营范围。

（9）客货运经营者不按规定维护和检测运输车辆的，县级以上道路运输管理机构应责令改正，处1000元以上5000元以下的罚款。

（10）客货运经营者使用擅自改装或者擅自改装已取得《道路运输证》的车辆的，县级以上道路运输管理机构应责令改正，处5000元以上2万元以下的罚款。

（11）货运经营者有下列行为之一的，县级以上道路运输管理机构应责令限期整改，整改不合格的，予以通报：

①没有建立货运车辆技术档案的；

②没有按照国家有关规定在货运车辆上安装行驶记录仪的；

③大型物件运输车辆不按规定悬挂、标明运输标志的；

④发生公共突发性事件，不接受当地政府统一调度安排的；

⑤因配载造成超限、超载的；

⑥运输没有限运证明物资的；

⑦未查验禁运、限运物资证明，配载禁运、限运物资的。

知识链接

先照后证降门槛

以前，经营者想要从事道路客货运经营、道路运输站场经营等业务时，需要先到相关道路运输管理机构申请取得经营许可证，然后才能到工商部门办理营业执照，即所谓的先证后照。而从2014年底到2015年初，国务院发布了一系列决定，将多项前置许可审批改为后置许可审批，其中包括国际道路运输审批、道路运输站场经营业务许可证核发、机动车维修经营业务许可证核发、机动车驾驶员培训业务许可证核发、道路客运经营许可证核发、道路货运经营许可证核发，也就是说，以后经营者可先向工商部门申请办理营业执照，然后再到相关道路运输管理机构办理许可审批手续，即先照后证。

先照后证有什么好处呢？它可以降低人们创业的门槛，激发人们创业的积极性。例如对客货运经营者来说，可以先到工商部门领取营业执照，然后在等待道路运输经营许可的同时，就可以着手开展一些筹备工作，能为企业的发展争取大量的时间。此外，先照后证能够倒逼行政审批部门转变职能，提高审批效率。

有人担心，先照后证会不会导致一些企业只办工商执照，不办经营许可证就开业经营呢？特别是对于道路客货运等事关广大群众生命财产安全的行业来说，一旦无证经营现象泛滥，后果将不堪设想。为了避免这种情况出现，交通主管部门及道路运输管理机构必须加强事中和事后控制，做到放活不放任，变重审批轻监管为宽准入严监管，对新办企业一管到底。

五、道路危险货物运输经营

道路危险货物运输由于其与生俱来、难以避免的危险性，从经营许可到监督管理，再到违法应承担的法律责任，都与道路普通货运有很大差别，运政执法人员应熟悉有关危货运输的特殊规定，严格监管措施，保证道路危货运输安全。

1. 经营许可

道路危货运输经营申请者应当满足的条件如下表所示。

道路危货运输经营的申请条件

1. 有符合要求的专用车辆及设备	自有专用车辆（挂车除外）5辆以上；运输剧毒化学品、爆炸品的，自有专用车辆（挂车除外）10辆以上
	专用车辆技术性能符合国家标准《营运车辆综合性能要求和检验方法》（GB 18565）的要求；技术等级达到行业标准《营运车辆技术等级划分和评定要求》（JT/T 198）规定的一级技术等级；外廓尺寸、轴荷和质量符合国家标准《道路车辆外廓尺寸、轴荷和质量限值》（GB 1589）的要求；燃料消耗量符合行业标准《营运货车燃料消耗量限值及测量方法》（JT 719）的要求
	配备有效的通讯工具；专用车辆安装有具有行驶记录功能的卫星定位装置
	运输剧毒化学品、爆炸品、易制爆危险化学品的，应当配备罐式、厢式专用车辆或者压力容器等专用容器；罐式专用车辆的罐体应当经质量检验部门检验合格，且罐体载货后总质量与专用车辆核定载质量相匹配
	配备与运输的危险货物性质相适应的安全防护、环境保护和消防设施设备

接上表

2. 有符合要求的停车场地	
3. 有符合要求的从业人员和安全管理人员	专用车辆的驾驶人员取得相应机动车驾驶证，年龄不超过60周岁
	驾驶人员、装卸管理人员、押运人员经所在地设区的市级人民政府交通运输主管部门考试合格，取得相应的从业资格证；从事剧毒化学品、爆炸品道路运输的驾驶人员、装卸管理人员、押运人员，应当经考试合格，取得注明为“剧毒化学品运输”或者“爆炸品运输”类别的从业资格证
	配备专职安全管理人员
4. 有健全的安全生产管理制度	

道路危货运输经营申请由设区的市级道路运输管理机构负责受理。设区的市级道路运输管理机构应依法实施道路危货运输行政许可，并进行实地核查。决定准予许可的，应当向被许可人出具《道路危险货物运输行政许可决定书》，注明许可事项，具体内容应当包括运输危险货物的范围（类别、项别或品名，如果为剧毒化学品应当标注“剧毒”），专用车辆数量、要求以及运输性质，并在10日内向道路危险货物运输经营申请人发放《道路运输经营许可证》，向非经营性道路危险货物运输申请人发放《道路危险货物运输许可证》。市级道路运输管理机构应当将准予许可的企业或单位的许可事项等，及时以书面形式告知县级道路运输管理机构。决定不予许可的，应当向申请人出具《不予交通行政许可决定书》。

许可机关应核实被许可人是否按照承诺期限落实了拟投入的专用车辆、设备，以及拟聘用的专职安全管理人员、驾驶人员、装卸管理人员和押运人员。对符合许可条件的专用车辆应配发《道路运输证》，并在《道路运输证》经营范围栏内注明允许运输的危险货物类别、项别或者品名，如果为剧毒化学品应标注“剧毒”；对从事非经营性道路危险货物运输的车辆，还应当加盖“非经营性危险货物运输专用章”。如果被许可人未在承诺期限内落实专用车辆、设备，或者未按照承诺聘用专职安全管理人员、驾驶人员、装卸管理人员和押运人员，原许可机关应撤销许可决定，并收回已核发的许可证明文件。

2. 监督管理

对道路危货运输的监管除了适用道路普通货运的相关规定外，还有一些特殊规定。

（1）道路运输管理机构不得许可一次性、临时性的道路危险货物运输。

（2）设区的市级道路运输管理机构应当定期对专用车辆进行审验，每年审验一次。审验按照《道路货物运输及站场管理规定》进行，并增加以下审验项目：

①专用车辆投保危险货物承运人责任险情况；

②必需的应急处理器材、安全防护设施设备和专用车辆标志的配备情况；

③具有行驶记录功能的卫星定位装置的配备情况。

（3）道路运输管理机构工作人员应当定期或者不定期对道路危险货物运输企业或者单位进行现场检查。

（4）道路运输管理机构工作人员对在异地取得从业资格的人员监督检查时，可以向原发证机关申请提供相应的从业资格档案资料，原发证机关应当予以配合。

（5）道路运输管理机构在实施监督检查过程中，经本部门主要负责人批准，可以对没有随车携带《道路运输证》又无法当场提供其他有效证明文件的危险货物运输专用车辆予以扣押。

3. 法律责任

（1）有下列情形之一的，县级以上道路运输管理机构应责令停止运输经营，有违法所得的，没收违法所得，处违法所得2倍以上10倍以下的罚款；没有违法所得或者违法所得不足2万元的，处3万元以上10万元以下的罚款；构成犯罪的，依法追究刑事责任：

①未取得道路危险货物运输许可，擅自从事道路危险货物运输的；

②使用失效、伪造、变造、被注销等无效道路危险货物运输许可证件从事道路危险货物运输的；

③超越许可事项，从事道路危险货物运输的；

④非经营性道路危险货物运输单位从事道路危险货物运输经营的。

（2）道路危险货物运输企业或者单位非法转让、出租道路危险货物运输许可证件的，县级以上道路运输管理机构应责令停止违法行为，收缴有关证件，处2000元以上1万元以下的罚款；有违法所得的，没收违法所得。

（3）道路危险货物运输企业或者单位有下列行为之一，县级以上道路运输管理机构应责令限期投保；拒不投保的，由原许可机关吊销《道路运输经营许可证》或者《道路危险货物运输许可证》，或者吊销相应的经营范围：

①未投保危险货物承运人责任险的；

②投保的危险货物承运人责任险已过期，未继续投保的。

（4）道路危险货物运输企业或者单位未按规定维护或者检测专用车辆的，县级以上道路运输管理机构应责令改正，并处1000元以上5000元以下的罚款。

（5）道路危险货物运输企业或者单位不按照规定随车携带《道路运输证》的，县级以上道路运输管理机构应责令改正，处警告或者20元以上200元以下的罚款。

（6）道路危险货物运输企业或者单位以及托运人有下列情形之一的，县级以上道路运输管理机构应责令改正，并处5万元以上10万元以下的罚款，拒不改正的，责令停产停业整顿；构成犯罪的，依法追究刑事责任：

①驾驶人员、装卸管理人员、押运人员未取得从业资格上岗作业的；

②托运人不向承运人说明所托运的危险化学品的种类、数量、危险特性以及发生危险情况的应急处置措施，或者未按照国家有关规定对所托运的危险化学品妥善包装并在外包装上设置相应标志的；

③未根据危险化学品的危险特性采取相应的安全防护措施，或者未配备必要的防护用品和应急救援器材的；

④运输危险化学品需要添加抑制剂或者稳定剂，托运人未添加或者未将有关情况告知承运人的。

（7）道路危险货物运输企业或者单位未配备专职安全管理人员的，县级以上道路运输管理机构应责令改正，可以处1万元以下的罚款；拒不改正的，对危险化学品运输企业或单位处1万元以上5万元以下的罚款，对运输危险化学品以外其他危险货物的企业或单位处1万元以上2万元以下的罚款。

（8）道路危险化学品运输托运人有下列行为之一的，县级以上道路运输管理机构应责令改正，处10万元以上20万元以下的罚款，有违法所得的，没收违法所得；拒不改正的，责令停产停业整顿；构成犯罪的，依法追究刑事责任：

①委托未依法取得危险货物道路运输许可的企业承运危险化学品的；

②在托运的普通货物中夹带危险化学品，或者将危险化学品谎报或者匿报为普通货物托运的。

（9）道路危险货物运输企业擅自改装已取得《道路运输证》的专用车辆及罐式专用车辆罐体的，县级以上道路运输管理机构应责令改正，并处5000元以上2万元以下的罚款。

第二节　道路运输相关业务

案例链接

运管大院内的驾校

2013年4月左右，某市很多市民反映，该市某区运管局某运管所的院内有一个小驾校，已经办了三四年了，不知道是怎么回事。原来，该驾校号称是区运管局自己办的，办公室就在运管所的运政服务大厅，练习场地就在运管所的大院里。驾校招生时打着“公家”的旗号，向学员保证能顺利拿到驾照，不少学员都是因为这个原因选择了该驾校。那么真实情况到底是怎样的？运管部门是负责监管驾校的，可以自己操刀上阵吗？

该市运管局驾培科的资料显示，驾校是私人开设的，批准的训练场地在另外一个地点，并不在运管所的所在地。驾培科的负责人也表示，区运管局只能负责本行政区域内机动车驾驶培训的管理工作，并没有资格开办驾校，而且驾校都是一校一址，不允许办分校和培训点，因此运管所院内的培训点是非法的。区运管局的负责人则表示自己并不知情，但承诺会对该驾校进行处理。

道路运输相关业务包括站场经营、机动车维修经营和机动车驾驶员培训。道路运输相关业务也是运政执法人员监督和管理的对象，对其相关法规和部门规章，运政执法人员应熟练掌握。

一、站场经营

1. 经营许可

客货运站场经营申请者应当满足的条件如下表所示。

客货运站场经营的申请条件

客运站经营	1.客运站经有关部门组织的工程竣工验收合格，并且经道路运输管理机构组织的站级验收合格； 2.有与业务量相适应的专业人员和管理人员； 3.有相应的设备、设施，具体要求按照行业标准《汽车客运站级别划分及建设要求》（JT/T 200）的规定执行； 4.有健全的业务操作规程和安全管理制度，包括服务规范、安全生产操作规程、车辆发车前例检、安全生产责任制、危险品查堵、安全生产监督检查的制度
货运站经营	1.有与其经营规模相适应的货运站房、生产调度办公室、信息管理中心、仓库、仓储库棚、场地和道路等设施，并经有关部门组织的工程竣工验收合格； 2.有与其经营规模相适应的安全、消防、装卸、通讯、计量等设备； 3.有与其经营规模、经营类别相适应的管理人员和专业技术人员； 4.有健全的业务操作规程和安全生产管理制度

客货运站经营申请由县级道路运输管理机构负责受理。道路运输管理机构对客货运站经营申请予以受理的，应当自受理之日起15日内作出许可或者不予许可的决定。准予行政许可的，应当出具《道路旅客运输站经营行政许可决定书》或《道路货物运输站（场）经营行政许可决定书》，明确许可事项，在10日内向被许可人颁发《道路运输经营许可证》。不予许可的，应当向申请人出具《不予交通行政许可决定书》。

2.法律责任

（1）客货运站经营者有下列行为之一的，县级以上道路运输管理机构应责令停止经营；有违法所得的，没收违法所得，处违法所得2倍以上10倍以下的罚款；没有违法所得或者违法所得不足1万元的，处2万元以上5万元以下的罚款；构成犯罪的，依法追究刑事责任：

①未取得客货运站经营许可，擅自从事客货运站经营的；

②使用失效、伪造、变造、被注销等无效的客货运站许可证件从事客货运站经营的；

③超越许可事项，从事客货运站经营的。

（2）客货运站经营者非法转让、出租道路运输经营许可证件的，县级以上道路运输管理机构应责令停止违法行为，收缴有关证件，处2000元以上1万元以下的罚款；有违法所得的，没收违法所得。

（3）客运站经营者不按规定使用道路运输业专用票证或者转让、倒卖、伪造道路运输业专用票证的，县级以上道路运输管理机构应责令改正，处1000元以上3000元以下的罚款。

（4）客货运站经营者已不具备开业要求的有关安全条件、存在重大运输安全隐患的，县级以上道路运输管理机构应责令限期改正；在规定时间内不能按要求改正且情节严重的，由原许可机关吊销《道路运输经营许可证》或者吊销相应的经营范围。

（5）客运站经营者有下列情形之一的，县级以上道路运输管理机构应责令改正，处1万元以上3万元以下的罚款：

①允许无经营许可证件的车辆进站从事经营活动的；

②允许超载车辆出站的；

③允许未经安全检查或者安全检查不合格的车辆发车的；

④无正当理由拒绝客运车辆进站从事经营活动的。

（6）货运站经营者对超限、超载车辆配载，放行出站的，由县级以上道路运输管理机构责令改正，处1万元以上3万元以下的罚款。

（7）客货运站经营者有下列情形之一的，县级以上道路运输管理机构应责令改正；拒不改正的，处3000元的罚款；有违法所得的，没收违法所得：

①擅自改变客货运站的用途和服务功能的；

②客运站不公布运输线路、起讫停靠站点、班次、发车时间、票价的。

二、机动车维修经营

1. 经营许可

机动车维修经营依据维修车型种类、服务能力和经营项目实行分类许可，具体分类见下表。

机动车维修经营的类别

<table>
<tr><td rowspan="10">机动车维修经营</td><td rowspan="3">汽车维修经营业务</td><td>一类</td><td>汽车整车修理、总成修理、整车维护、小修、维修救援、专项修理和维修竣工检验</td></tr>
<tr><td>二类</td><td>汽车整车修理、总成修理、整车维护、小修、维修救援和专项修理</td></tr>
<tr><td>三类</td><td>发动机、车身、电气系统、自动变速器维修及车身清洁维护、涂漆、轮胎动平衡和修补、四轮定位检测调整、供油系统维护和油品更换、喷油泵和喷油器维修、曲轴修磨、气缸镗磨、散热器（水箱）、空调维修、车辆装潢（蓬布、坐垫及内装饰）、车辆玻璃安装等</td></tr>
<tr><td>危险货物运输车辆维修经营业务</td><td>/</td><td>除可以从事危险货物运输车辆维修经营业务外，还可以从事一类汽车维修经营业务</td></tr>
<tr><td rowspan="2">摩托车维修经营业务</td><td>一类</td><td>摩托车整车修理、总成修理、整车维护、小修、专项修理和竣工检验</td></tr>
<tr><td>二类</td><td>摩托车维护、小修和专项修理</td></tr>
<tr><td rowspan="3">其他机动车维修经营业务</td><td>一类</td><td>相应车型的整车修理、总成修理、整车维护、小修、维修救援、专项修理和维修竣工检验</td></tr>
<tr><td>二类</td><td>相应车型的整车修理、总成修理、整车维护、小修、维修救援和专项修理</td></tr>
<tr><td>三类</td><td>发动机、车身、电气系统、自动变速器维修及车身清洁维护、涂漆、轮胎动平衡和修补、四轮定位检测调整、供油系统维护和油品更换、喷油泵和喷油器维修、曲轴修磨、气缸镗磨、散热器（水箱）、空调维修、车辆装潢（蓬布、坐垫及内装饰）、车辆玻璃安装等</td></tr>
</table>

申请从事汽车、其他机动车以及摩托车维修经营业务的，应当有与其经营业务相适应的维修车辆或摩托车停车场和生产厂房；与其经营业务相适应的设备、设施；必要的技术人员；健全的维修管理制度；必要的环境保护措施。维修危险货物运输车辆的危险性较大，因此申请从事危险货物运输车辆维修经营业务的，除应满足一类汽车维修经营业务的条件外，还应有与其作业内容相适应的专用维修车间和设备、设施，并设置明显的指示性标志；完善的突发事件应急预案，包括报告程序、应急指挥以及处置措施等内容；相应的安全管理人员；齐全的安全操作规程。

机动车维修经营申请由县级道路运输管理机构受理。道路运输管理机构对机动车维修经营申请予以受理的，应当自受理申请之日起15日内作出许可或者不予许可的决定。符合法定条件的，作出准予行政许可的决定，向申请人出具《交通行政许可决定书》，在10日内向被许可人颁发机动车维修经营许可证件，明确许可事项；不符合法定条件的，作出不予许可的决定，向申请人出具《不予交通行政许可决定书》，说明理由，并告知申请人享有依法申请行政复议或者提起行政诉讼的权利。

2. 监督管理

（1）道路运输管理机构应当加强对机动车维修专业技术人员的管理，严格执行专业技术人员考试和管理制度。

（2）道路运输管理机构应当加强对机动车维修经营的质量监督和管理工作，可委托具有法定资格的机动车维修质量监督检验中心，对机动车维修质量进行监督检验。

（3）对机动车维修质量的责任认定需要进行技术分析和鉴定，且承修方和托修方共同要求道路运输管理机构出面协调的，道路运输管理机构应当组织专家组或委托具有法定检测资格的检测机构作出技术分析和鉴定。鉴定费用由责任方承担。

（4）道路运输管理机构应当建立机动车维修企业诚信档案。机动车维修质量信誉考核结果是机动车维修诚信档案的重要组成部分。道路运输管理机构建立的机动车维修企业诚信信息，除涉及国家秘密、商业秘密外，应当依法公开，供公众查阅。

（5）道路运输管理机构应当加强对机动车维修经营活动的监督检查。监督检查应严格按照职责权限和程序进行，不得滥用职权、徇私舞弊，不得乱收费、乱罚款。在机动车维修经营场所实施监督检查时，应当有2名以上执法人员参加，并向当事人出示交通运输部监制的交通行政执法证件。实施监督检查时，可以采取下列措施：

①询问当事人或者有关人员，并要求其提供有关资料；

②查询、复制与违法行为有关的维修台账、票据、凭证、文件及其他资料，核对与违法行为有关的技术资料；

③在违法行为发现场所进行摄影、摄像取证；

④检查与违法行为有关的维修设备及相关机具的有关情况。

检查的情况和处理结果应当记录，并按照规定归档。当事人有权查阅监督检查记录。

（6）道路运输管理机构应当积极运用信息化技术手段，科学、高效地开展机动车维修管理工作。

3. 法律责任

（1）机动车维修经营者有下列行为之一，县级以上道路运输管理机构应责令其停止经营；有违法所得的，没收违法所得，处违法所得2倍以上10倍以下的罚款；没有违法所得或者违法所得不足1万元的，处2万元以上5万元以下的罚款；构成犯罪的，依法追究刑事责任：

①未取得机动车维修经营许可，非法从事机动车维修经营的；

②使用无效、伪造、变造机动车维修经营许可证件，非法从事机动车维修经营的；

③超越许可事项，非法从事机动车维修经营的。

（2）机动车维修经营者非法转让、出租机动车维修经营许可证件的，县级以上道路运输管理机构应责令停止违法行为，收缴转让、出租的有关证件，处以2000元以上1万元以下的罚款；有违法所得的，没收违法所得。

（3）机动车维修经营者使用假冒伪劣配件维修机动车，承修已报废的机动车或者擅自改装机动车的，县级以上道路运输管理机构应责令改正，并没收假冒伪劣配件及报废车辆；有违法所得的，没收违法所得，处违法所得2倍以上10倍以下的罚款；没有违法所得或者违法所得不足1万元的，处2万元以上5万元以下的罚款，没收假冒伪劣配件及报废车辆；情节严重的，由原许可机关吊销其经营许可；构成犯罪的，依法追究刑事责任。

（4）机动车维修经营者签发虚假或者不签发机动车维修竣工出厂合格证的，县级以上道路运输管理机构应责令改正；有违法所得的，没收违法所得，处以违法所得2倍以上10倍以下的罚款；没有违法所得或者违法所得不足3000元的，处以5000元以上2万元以下的罚款；情节严重的，由许可机关吊销其经营许可；构成犯罪的，依法追究刑事责任。

（5）机动车维修经营者有下列行为之一的，县级以上道路运输管理机构应责令其限期整改；限期整改不合格的，予以通报：

①未按照规定执行机动车维修质量保证期制度的；

②未按照有关技术规范进行维修作业的；

③伪造、转借、倒卖机动车维修竣工出厂合格证的；

④只收费不维修或者虚列维修作业项目的；

⑤未在经营场所醒目位置悬挂机动车维修经营许可证件和机动车维修标志牌的；

⑥未在经营场所公布收费项目、工时定额和工时单价的；

⑦超出公布的结算工时定额、结算工时单价向托修方收费的；

⑧不按照规定建立维修档案和报送统计资料的；

⑨其他违反《机动车维修管理规定》的行为。

三、机动车驾驶员培训

1. 经营许可

机动车驾驶员培训依据经营项目、培训能力和培训内容实行分类许可，具体见下表。

机动车驾驶员培训经营的类别

<table>
<tr><td rowspan="6">机动车驾驶员培训</td><td rowspan="3">普通机动车驾驶员培训</td><td>一级</td><td>可以从事三种（含三种）以上相应车型的普通机动车驾驶员培训业务</td></tr>
<tr><td>二级</td><td>可以从事两种相应车型的普通机动车驾驶员培训业务</td></tr>
<tr><td>三级</td><td>只能从事一种相应车型的普通机动车驾驶员培训业务</td></tr>
<tr><td rowspan="2">道路运输驾驶员从业资格培训</td><td>道路客货运输驾驶员从业资格培训</td><td>可以从事经营性道路旅客运输驾驶员、经营性道路货物运输驾驶员的从业资格培训业务，还可以从事相应车型的普通机动车驾驶员培训业务</td></tr>
<tr><td>危险货物运输驾驶员从业资格培训</td><td>可以从事道路危险货物运输驾驶员的从业资格培训业务，还可以从事相应车型的普通机动车驾驶员培训业务</td></tr>
<tr><td>机动车驾驶员培训教练场经营</td><td>/</td><td>可以从事机动车驾驶员培训教练场经营业务</td></tr>
</table>

机动车驾驶员培训业务申请由县级道路运输管理机构负责受理。道路运输管理机构应依法实施机动车驾驶员培训业务的行政许可，对申请人申请材料中关于教练场地、教学车辆以及各种设施、设备的实质内容应进行核实。道路运输管理机构对机动车驾驶员培训业务申请予以受理的，应当自受理申请之日起15日内审查完毕，作出许可或者不予许可的决定。符合法定条件的应作出准予行政许可的决定，向申请人出具《交通行政许可决定书》，并在10日内向被许可人颁发机动车驾驶员培训许可证件，明确许可事项；不符合法定条件的应作出不予许可的决定，向申请人出具《不予交通行政许可决定书》，说明理由，并告知申请人享有依法申请行政复议或者提起行政诉讼的权利。

2. 监督管理

（1）省级道路运输管理机构应按照交通运输部制定的考试大纲、考试题库、考核标准、考试工作规范和程序组织实施机动车驾驶培训教练员资格全国统一考试，向考试合格人员核发《教练员证》。

（2）省级道路运输管理机构应当制定机动车驾驶培训教练员教学质量信誉考核办法，对机动车驾驶培训教练员实行教学质量信誉考核制度。考核内容应当包括教练员的基本情况、教学业绩、教学质量排行情况、参加再教育情况、不良记录等。省级道路运输管理机构还应当建立机动车驾驶员培训机构质量信誉考评体系，制定机动车驾驶员培训监督管理的量化考核标准，并定期向社会公布对机动车驾驶员培训机构的考核结果。考评应当包括培训机构的基本情况、教学大纲执行情况、《结业证书》发放情况、《培训记录》填写情况、教练员的质量信誉考核结果、培训业绩、考试情况、不良记录等内容。

（3）省级道路运输管理机构应当建立教练员档案，使用统一的数据库和管理软件，实行计算机联网管理，并依法向社会公开教练员信息。机动车驾驶培训教练员教学质量信誉考核结果是教练员档案的重要组成部分。

（4）道路运输管理机构应当根据机动车驾驶员培训机构执行教学大纲、颁发《结业证书》等情况，对《培训记录》及统计资料进行严格审查。

（5）道路运输管理机构的工作人员应当严格按照职责权限和程序进行监督检查，不得滥用职权、徇私舞弊，不得乱收费、乱罚款，不得妨碍培训机构的正常工作秩序。

（6）道路运输管理机构实施现场监督检查，应当指派2名以上执法人员参加。执法人员应当向当事人出示交通运输部监制的交通行政执法证件。执法人员实施现场监督检查，可以行使下列职权：

①询问教练员、学员以及其他相关人员，并可以要求被询问人提供与违法行为有关的证明材料；

②查阅、复制与违法行为有关的《教学日志》、《培训记录》及其他资料；核对与违法行为有关的技术资料；

③在违法行为发现场所进行摄影、摄像取证；

④检查与违法行为有关的教学车辆和教学设施、设备。

执法人员应当如实记录检查情况和处理结果，并按照规定归档。当事人有权查阅监督检查记录。

（7）机动车驾驶员培训机构在许可机关管辖区域外违法从事培训活动的，违法行为发生地的道路运输管理机构应当依法对其予以处罚，同时将违法事实、处罚结果抄送许可机关。

3. 法律责任

（1）未经许可擅自从事机动车驾驶员培训业务，有下列情形之一的，县级以上道路运输管理机构应责令停止经营；有违法所得的，没收违法所得，并处违法所得2倍以上10倍以下的罚款；没有违法所得或者违法所得不足1万元的，处2万元以上5万元以下的罚款；构成犯罪的，依法追究刑事责任：

①未取得机动车驾驶员培训许可证件，非法从事机动车驾驶员培训业务的；

②使用无效、伪造、变造、被注销的机动车驾驶员培训许可证件，非法从事机动车驾驶员培训业务的；

③超越许可事项，非法从事机动车驾驶员培训业务的。

（2）机动车驾驶员培训机构非法转让、出租机动车驾驶员培训许可证件的，县级以上道路运输管理机构应责令停止违法行为，收缴有关证件，处2000元以上1万元以下的罚款；有违法所得的，没收违法所得。

（3）机动车驾驶员培训机构不严格按照规定进行培训或者在培训结业证书发放时弄虚作假，有下列情形之一的，县级以上道路运输管理机构应责令改正；拒不改正的，由原许可机关吊销其经营许可：

①未按照全国统一的教学大纲进行培训的；

②未向培训结业的人员颁发《结业证书》的；

③向培训未结业的人员颁发《结业证书》的；

④向未参加培训的人员颁发《结业证书》的；

⑤使用无效、伪造、变造《结业证书》的；

⑥租用其他机动车驾驶员培训机构《结业证书》的。

（4）机动车驾驶员培训机构有下列情形之一的，县级以上道路运输管理机构应责令限期整改；逾期整改不合格的，予以通报：

①未在经营场所醒目位置悬挂机动车驾驶员培训经营许可证件的；

②未在经营场所公示其经营类别、培训范围、收费项目、收费标准、教练员、教学场地等情况的；

③未按照要求聘用教学人员的；

④未按规定建立学员档案、教学车辆档案的；

⑤未按规定报送《培训记录》和有关统计资料的；

⑥使用不符合规定的车辆及设施、设备从事教学活动的；

⑦存在索取、收受学员财物，或者谋取其他利益等不良行为的；

⑧未定期公布教练员教学质量排行情况的；

⑨其他违反《机动车驾驶员培训管理规定》的行为。

（5）机动车驾驶培训教练员有下列情形之一的，县级以上道路运输管理机构应责令限期整改；逾期整改不合格的，予以通报：

①未按照全国统一的教学大纲进行教学的；

②填写《教学日志》、《培训记录》弄虚作假的；

③教学过程中有道路交通安全违法行为或者造成交通事故的；

④存在索取、收受学员财物，或者谋取其他利益等不良行为的；

⑤未按照规定参加驾驶新知识、新技能再教育的；

⑥其他违反《机动车驾驶员培训管理规定》的行为。

第三节 道路运输从业人员管理

道路运输从业人员是道路运输活动的直接参与者，对他们的管理是否到位，直接影响着道路运输安全。什么样的人才有资格从事道路运输？从业时应当遵守哪些规定，避免哪些行为？对从业人员的违法行为应当如何处理？这一系列的问题不仅道路运输从业人员应当能够回答，运政执法人员也应清楚答案。

一、从业资格

道路运输从业人员是指经营性道路客货运输驾驶员、道路危险货物运输从业人员、机动车维修技术人员、机动车驾驶培训教练员、道路运输经理人和其他道路运输从业人员。从业人员应经过从业资格考试，取得相应从业资格后方可从事相应的道路运输活动。从业资格考试由有关部门按照交通运输部编制的考试大纲、考试题库、考核标准、考试工作规范和程序组织实施，具体组织实施单位和受理单位见下表。

从业资格考试的实施单位

考试类别	实施单位
经营性道路客货运输驾驶员从业资格考试	设区的市级道路运输管理机构每月组织1次考试
道路危险货物运输从业人员从业资格考试	设区的市级人民政府交通主管部门每季度组织1次考试
机动车维修技术人员从业资格考试	设区的市级道路运输管理机构每季度组织1次考试
道路运输经理人从业资格考试	省级道路运输管理机构每年组织2次考试
机动车驾驶培训教练员从业资格考试	省级道路运输管理机构每年组织2次考试

从业资格考试的受理

考试类别	受理单位
经营性道路客货运输驾驶员从业资格考试	户籍地或者暂住地设区的市级道路运输管理机构
道路危险货物运输驾驶员从业资格考试	户籍地或者暂住地设区的市级交通主管部门
道路危险货物运输装卸管理人员和押运人员从业资格考试	户籍地或者暂住地设区的市级交通主管部门
机动车维修技术人员从业资格考试	户籍地或者暂住地设区的市级道路运输管理机构
机动车驾驶培训教练员从业资格考试	户籍地或者暂住地省级道路运输管理机构

交通主管部门和道路运输管理机构应对符合申请条件的申请人安排考试，并在考试结束10日内公布考试成绩。对考试合格人员，应当自公布考试成绩之日起10日内颁发相应的道路运输从业人员从业资格证件。机动车驾驶培训教练员和道路运输经理人从业资格证件由省级道路运输管理机构发放和管理。道路危险货物运输从业人员从业资格证件由设区的市级交通主管部门发放和管理。经营性道路客货运输驾驶员从业资格证件、机动车维修技

术人员从业资格证件由设区的市级道路运输管理机构发放和管理。

二、从业监管

（1）交通主管部门或者道路运输管理机构应当建立道路运输从业人员从业资格管理档案。档案内容包括：从业资格考试申请材料，从业资格考试及从业资格证件记录，从业资格证件换发、补发、变更记录，违章、事故及诚信考核、继续教育记录等。

（2）交通主管部门和道路运输管理机构应当建立道路运输从业人员从业资格证件管理数据库，使用全国统一的管理软件核发从业资格证件，并逐步采用电子存取和防伪技术，确保有关信息实时输入、输出和存储。交通主管部门和道路运输管理机构应当结合道路运输从业人员从业资格证件的管理工作，建立道路运输从业人员管理信息系统，并逐步实现异地稽查信息共享和动态资格管理。

（3）交通主管部门和道路运输管理机构应当对符合要求的从业资格证件换发、补发、变更申请予以办理。申请人违反相关从业资格管理规定且尚未接受处罚的，受理机关应当在其接受处罚后换发、补发、变更相应的从业资格证件。

（4）道路运输从业人员有下列情形之一的，发证机关应注销其从业资格证件。

①持证人死亡的；

②持证人申请注销的；

③经营性道路客货运输驾驶员、道路危险货物运输从业人员、机动车驾驶培训教练员年龄超过60周岁的；

④经营性道路客货运输驾驶员、道路危险货物运输驾驶员、机动车维修质量检验人员、机动车驾驶培训教练员的机动车驾驶证被注销或者被吊销的；

⑤超过从业资格证件有效期180日未申请换证的。

凡被注销的从业资格证件，应当由发证机关予以收回，公告作废并登记归档；无法收回的，从业资格证件自行作废。

（5）交通主管部门和道路运输管理机构应当将道路运输从业人员的违章行为记录在《中华人民共和国道路运输从业人员从业资格证》的违章记录栏内，并通报发证机关。发证机关应当将该记录作为道路运输从业人员诚信考核和计分考核的依据，并存入管理档案。机动车驾驶培训教练员违章记录直接记入教练员档案，并作为诚信考核的重要内容。

三、法律责任

（1）有下列行为之一的人员，县级以上道路运输管理机构应责令改正，处200元以上2000元以下的罚款；构成犯罪的，依法追究刑事责任：

①未取得相应从业资格证件，驾驶道路客货运输车辆的；

②使用失效、伪造、变造的从业资格证件，驾驶道路客货运输车辆的；

③超越从业资格证件核定范围，驾驶道路客货运输车辆的。

（2）有下列行为之一的人员，设区的市级人民政府交通主管部门应处2万元以上10万元以下的罚款；构成犯罪的，依法追究刑事责任：

①未取得相应从业资格证件，从事道路危险货物运输活动的；

②使用失效、伪造、变造的从业资格证件，从事道路危险货物运输活动的；

③超越从业资格证件核定范围，从事道路危险货物运输活动的。

（3）道路运输从业人员有下列不具备安全条件情形之一的，发证机关应吊销其从业资格证件：

①经营性道路客货运输驾驶员、道路危险货物运输从业人员、机动车驾驶培训教练员身体健康状况不符合有关机动车驾驶和相关从业要求且没有主动申请注销从业资格的；

②经营性道路客货运输驾驶员、道路危险货物运输驾驶员、机动车驾驶培训教练员发生重大以上交通事故，且负主要责任的；

③机动车维修技术人员发生重大生产安全事故，且负主要责任的；

④发现重大事故隐患，不立即采取消除措施，继续作业的。

被吊销的从业资格证件应当由发证机关公告作废并登记归档。

??? 课后思考题

案例1：

某日，乘客高某乘坐客车回老家。一路上，不时有乘客为了贪图方便要求半路下车，驾驶员满足了他们的要求，几次停车下客。快到目的车站时，车上只剩下了8名乘客，可是驾驶员却突然把客车停在了一个公交车站附近，然后说：“大家都下车吧。”高某和其他乘客一下都愣住了。“当时是晚上，外面还下着大雨，从公交站到目的车站还得二三十分钟呢，没到目的地就让大家都下车算怎么回事啊！”高某回忆说。驾驶员说在公交车站坐公交车可以到目的地，还表示自己可以替乘客出公交车票钱。高某不太愿意下车，询问驾驶员停车的原因，驾驶员说自己有事，坚持让乘客都下车。最后没有办法，所有乘客都下了车。高某随后向有关部门举报了这件事。

请问：案例中客车驾驶员有哪些违法行为，应当受到什么处罚？

答：驾驶员的违法行为有两点，一是站外下客，违反了《道路旅客运输及客运站管理规定》第四十七条中“客运班车应当按照许可的线路、班次、站点运行，在规定的途经站点进站上下旅客，无正当理由不得改变行驶线路，不得站外上客或者沿途揽客”的规定；二是不到目的地半路甩客，违反了《道路旅客运输及客运站管理规定》第四十八条“客运经营者不得强迫旅客乘车，不得中途将旅客交给他人运输或者甩客，不得敲诈旅客，不得擅自更换客运车辆，不得阻碍其他经营者的正常经营活动”的规定。

依据《道路运输条例》第七十条规定，运管机构应责令其改正，可处以1000～3000元的罚款。

案例2：

《机动车维修竣工合格证》由道路运输管理部门统一印制和发售，由机动车维修企业在车辆维修竣工后、出厂前开具，是对维修后的车辆实行质量保证的依据，也是调解、处理质量纠纷的有效证据，同时是车主享有质量保证期的凭证。本是一件好事，却被有些人利用。某运管处在检查中发现，一家维修厂一个月内签发了几十张《机动车维修竣工合格证》，这家维修厂生意真的这么火爆？还是其中另有蹊跷？经过明察暗访，执法人员发现，原来是一些营运车辆驾驶员为了省钱，车出了问题能拖就拖，不愿意维修，但是年检时又要求提供《机动车维修竣工合格证》，这些驾驶员就与维修厂串通一气，购买《机动车维修竣工合格证》，自己随意填写，假维护、假修理。

请问：案例中的维修厂有什么违法行为，应当受到什么处罚？

答：维修厂倒卖《机动车维修竣工合格证》，违反了《机动车维修管理规定》第三十三条中“禁止伪造、倒卖、转借机动车维修竣工出厂合格证”的规定。至于维修厂应受到的处罚，《机动车维修管理规定》第五十三条做了明确规定：伪造、转借、倒卖机动车维修竣工出厂合格证的，由县级以上道路运输管理机构责令其限期整改；限期整改不合格的，予以通报。

第四章　现代运政执法改革

现行分散的交通行政执法体制下，多层执法、多头执法造成了不必要的执法损耗。为了提升交通行政执法效能，改善交通部门的社会形象，交通运输部正在各地逐步开展交通综合行政执法改革工作。交通运输行政执法行业是一个动态的过程，案件数量多、案情复杂多变，需要制作的文书繁多，必须依托信息化的科技手段来提高执法的效率和质量。

第一节　交通行政综合执法

一直以来，交通行政执法在加强交通行业管理，维护交通市场秩序，保护行政管理相对人的合法权益，促进交通事业的发展等方面，发挥了重要的作用。但不可否认的是，目前我国大部分地区的交通行政执法体制都存在着执法机构较多、执法力量分散、执法效率较低、执法行为不规范等问题，严重影响了执法效能。为了解决这些问题，交通运输部开展了交通行政综合执法改革工作，一些地区的试点也已经取得了可喜的成果，综合执法将是未来的发展方向。

一、交通行政综合执法的含义

交通行政综合执法，就是将路政、运政、港航、征费稽查等机构的交通行政处罚权、监督检查权和行政强制执行权，相对集中的交由统一组建的交通行政综合执法机构行使。将各专业管理机构所有的交通行政检查、行政处罚和行政强制职权集中划入执法总队，审批许可职能仍留在专业管理机构，实现了管理审批权与行政处罚权的分离。

以较早进行交通综合行政执法改革的重庆市为例，重庆撤销了原分属于各交通主管部门的交通行政执法机构，成立了交通行政执法总队，由总队对外开展交通行政执法业务，统一行使路政、运政、港航和高速公路交通安全管理等方面的监督处罚职能。总队下设一个直属支队，三个高速公路支队：直属支队主要负责主城区的交通行政执法监管工作；高速公路支队负责各辖区通车高速公路的交通行政综合执法和道路安全管理工作。主城区以外的远郊区县将路政、运政、港航等方面的交通监督处罚职能进行整合，由区县交通行政综合执法机构承担，总队负责业务指导。

二、交通行政综合执法的优点

（1）降低行政成本。实施综合执法后，原来的数支队伍合并为一支，其中的合同工、临时工也将得到清理，执法机构和编制会大大精简，执法成本会大大降低。

（2）提高执法效率。由一个机构统一管理的一个执法队伍可以做到政令统一、执法规范统一、处罚标准统一、培训管理统一等，实现一支队伍上路，一次进行各种检查，一并处理多项违法行为，能够提高执法效率，强化执法监督，彻底解决过去多头执法、多层执法、重复执法的问题。

（3）实现管理机关内部制衡。实施综合执法后，行政处罚与行政许可职能分离、机构分离，改变了过去自批、自管、自查、自罚的模式，二者可以相互监督，实现制衡，有效确保执法公正。

（4）便民。实施综合执法后，每个区域只有一支执法队伍，一个办公地点，政策、标准统一，方便行政相对人办理相关业务。

第二节　交通运输行政执法信息化系统

信息技术的发展，给人们的工作和生活模式带来了巨大的改变，对交通运输行政执法人员而言，利用好信息化系统，有利于强化执法监督，提高行政效率，提升服务水平等，益处很多。目前市场上的信息化系统很多，功能各有侧重，例如案件处理系统可以实现案件登记、查询、审批、移交、处罚认定和复核、结案归档等一系列操作，生成并打印相应文书，极大地减少了执法人员的工作量，也能避免因疏忽导致的错误；再如指挥调度系统可以通过综合运用GPS等技术手段，实现对一线执法人员和车辆的调配，提高了执法的效率和机动性。

下面以交通运输综合执法信息系统为例进行介绍，此系统主要功能包括案件设立、执法文书制作、案件统计等。

一、交通运输综合执法信息化系统的特点

1. 支持电脑、微信、安卓三大平台

交通运输综合执法系统横跨微信、电脑、安卓三大平台，适用不同的人员和场地。

（1）内业案件处理人员使用电脑版软件制作并打印执法案卷文书。

（2）现场调查人员可以使用微信版移动执法系统进行调查取证，通过微信上传现场违章照片、录音、录像及地理位置等电子证据。

（3）法制工作机构及执法机关负责人可以在Android（安卓）智能手机上使用专用的执法系统App对立案审批表、案件处理意见书和处罚结案报告进行实时审核、审批以及处罚减免，还可以统计案件数、罚款金额等信息。

2. 执法文书规范齐全、兼容地方标准

交通运输综合执法信息系统完全按照交通运输部562号文的要求设计执法文书，保证了执法文书的规范性和严肃性。同时还开发了地方专用执法文书样式，满足各地的不同需求。系统现已涵盖交通运输行业四大类74份文书，具体见下表。

规范性执法文书

<table>
<tr><td rowspan="6">交通运输部标准文书36份</td><td>立案类文书</td><td>现场笔录
举报记录
立案审批表</td></tr>
<tr><td>调查取证类文书</td><td>协助调查通知书
询问笔录
勘验检查笔录
抽样取证凭证
委托鉴定书
鉴定意见书
证据登记保存清单
证据登记保存处理决定书
车辆暂扣凭证
责令车辆停驶通知书
解除行政强制措施通知书
责令改正通知书
回避申请书
同意回避申请决定书
驳回回避申请决定书</td></tr>
<tr><td>核审类文书</td><td>案件处理意见书
违法行为通知书
陈述申辩书</td></tr>
<tr><td>听证类文书</td><td>听证通知书
听证公告
听证委托书
听证笔录
听证报告书</td></tr>
<tr><td>决定类文书</td><td>重大案件集体讨论记录
行政当场处罚决定书
行政处罚决定书
不予行政处罚决定书</td></tr>
<tr><td>执行类文书</td><td>分期延期缴纳罚款申请书
同意分期延期缴纳罚款通知书
不予分期延期缴纳罚款通知书
行政强制执行申请书
文书送达回证
处罚结案报告</td></tr>
</table>

接上表

省级行政强制措施文书14份	—	行政强制措施扣押清单 行政强制措施现场笔录 行政强制措施审批表 行政强制措施通知书 行政强制措施陈述申辩书 行政强制措施期限法定除外时间通知书 行政强制措施决定书 扣押车辆行政强制措施决定书 延长扣押期限审批表 延长扣押期限告知书 履行行政决定催告书 扣押财物退还收据 行政强制结案报告 解除行政强制措施审批表
路政执法专用文书7份	—	公路赔补偿通知书 公路赔补偿立案审批表 卸载货物保管协议书 卸载凭证 超限运输卸载通知书 车辆超限超载检测单 公路赔补偿结案报告
其他执法文书17份	—	陈述申辩复核意见书 放弃陈述申辩申请书 现场缴款申请书 申请书 保证书 缴款通知单 重大行政处罚决定备案报告 重大行政处罚案件备案审查登记表 行政处罚决定审批表 说理式行政处罚决定书 交通行政处罚听证告知书 行政处罚告知书 减免报告 非税收入一般缴款书 现场照片说明 卷内目录 卷宗封面

3. 操作简便、功能齐全

（1）系统的文书信息编辑界面完全按照标准的文书样式设计，对于天天与执法文书打交道的执法人员来说，这样的信息编辑界面可以极大地节省学习过程，短时间内稍加练习即可熟练掌握，极易上手操作。

（2）系统重点强化了法规案由和范文的管理，实现了“只要案由确定，文书内容即自动生成”这个原则。只要在案件登记时确定了案由，那么后面的相关执法文书全部由软件自动生成，执法人员仅需简单修改即可。与手工填写费时费力、容易出错相比，通过交通运输综合执法系统，仅需10分钟，一个案件的全部文书即可制作完毕，简单便捷；需要统计案件信息时仅需点两下鼠标即可得到，快速而准确。

（3）某一案件所需要的全部文书制作完毕后，通过“一键打印全部文书”功能，可以一次性将全部文书打印出来，简单省事。也可以选择每做完一份文书就打印一份。

（4）系统支持财政部门印制的缴款单据的管理和机打。

二、交通运输综合执法信息系统的主要功能

（一）执法文书制作

1. 新案件登记

（1）对于新案件，首先点击主窗口顶部的“新案件登记”。

（2）点击“新案件登记”之后会出现“新案件登记”窗口，此时执法人员可根据案件的具体情况，对不同的选项进行选择和填写。选择和填写完相关信息后，点“保存”，一个新的案件就被保存到系统内，在主窗口的案件列表中就会出现这条案件信息。

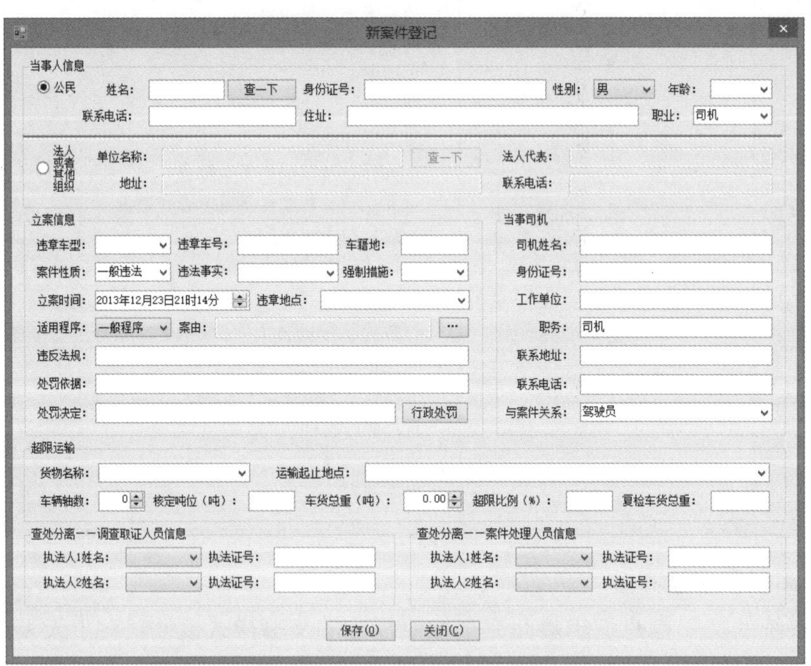

2. 制作文书

（1）首先在主窗口的案件列表区中选中要制作文书的案件，然后从左侧列表区中找到要制作的文书名称，点击，就可以打开文书编辑界面。

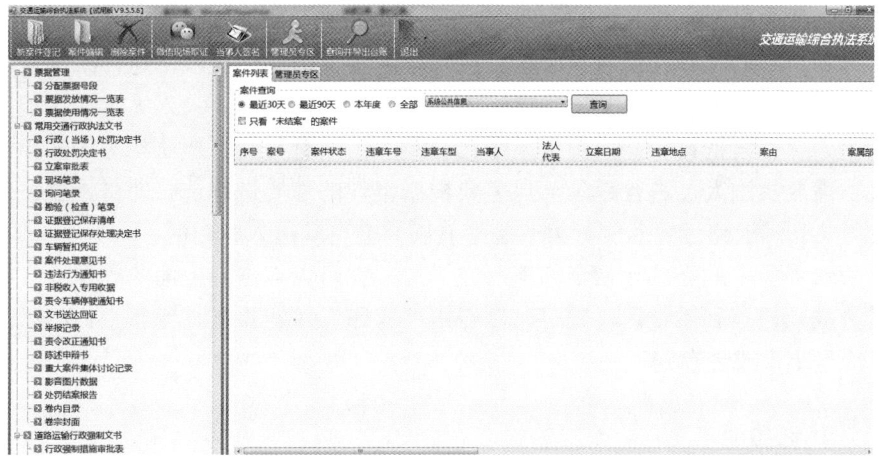

（2）以制作《立案审批表》为例，首先点击左侧文书列表中的“立案审批表”。

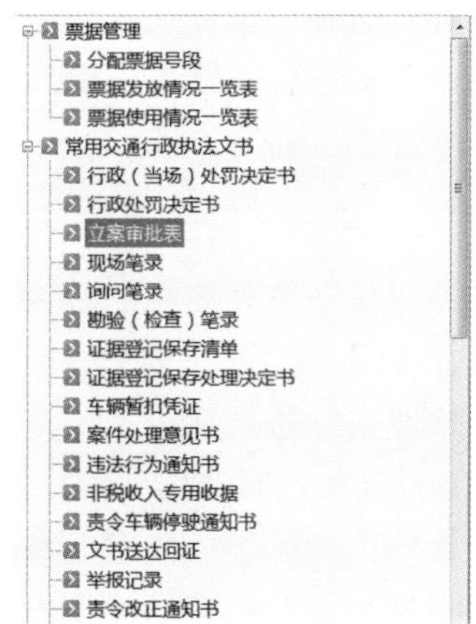

（3）点击要制作的文书之后，就会出现相应文书的编辑界面（下图），完全按照文书标准规范设计。

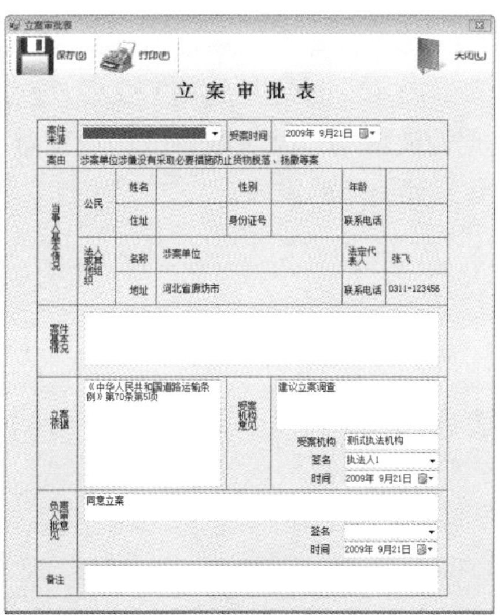

文书编辑界面中，有些元素是不需要编辑，并且也不能进行编辑的，例如案由、当事人基本情况等，它们可以直接从第一步已经登记的案件信息中获取，这样既保证了这类信息在所有文书内的一致性，也实现了操作上的便捷性。其他需要录入大段文字但却有规律性的元素（如“立案依据”），由于系统已经录入了所有与交通执法相关的法律法规，此选项也就不需要执法人员进行手录，只需要根据案件的性质进行选择即可，立案依据（如《中华人民共和国道路运输条例》第69条第五项）会自动进入空白区。

文书编辑界面中的必填元素全部填写完毕后，就可以点击最上面的“保存”按钮，这份文书就被成功保存到系统内，此时可以点击“打印”按钮将其打印在空白A4纸上，签字盖章，交给当事人或者存档。

（二）其他功能

1. 对已有的案件补充制作文书

交通运输综合执法信息系统除了具有以上的新案件文书制作功能，还可以对已有的案件补充制作文书。执法人员只要提供所在单位、所在部门、案件状态、实际罚款金额、立案日期及关键字六项中的任何一个查询条件，既可以调阅出已有的案件，然后按照新案件文书的制作过程，对已有的案件补充制作相关文书。

2. 统计分析功能

交通运输综合执法信息系统还提供了案件信息的统计分析功能。通过本功能，使用者可以设定“按什么方式统计”（如按日、按月、按季度、按年、按当事人类别、按部门名称、按单位名称、按违章地点、按案由、按违章车型、按违章车号、按强制措施等查询）。还可以设定“统计什么范围”的案件（如按时间段和按执法单位、部门名称等3个条件设置统计范围）。还可以设定要“统计什么指标”（如案件数、应罚金额、减免金额、分期未缴纳罚款和实际罚款金额等统计指标）。设定完后，点击“统计”按钮，系统会以柱形图的方式给出统计结果，统计结果可以打印输出。

3. 范文管理

交通运输综合执法信息系统重点强化了法规案由和范文的管理，实现了“只要案由确定，大部分文书内容即自动生成”的原则。所以前期对执法文书范文的设定的细致程度，直接关系到后期执法文书的制作效率。通过系统的范文管理功能就可以对各种执法文书的格式进行前期设计，可以根据需要增加、减少或修改任何变量到指定的文书中。实现文书的可编辑化，以应对执法实际发展变化的需要。

第二部分
规范执法篇

道路运输行业与群众生活密切相关，道路运输管理机构是受交通行政主管部门委托的一个重要行业管理和行政执法单位，其运政执法人员是国家有关交通法律法规的执行者，同时也代表着交通部门的形象，是交通行业的一个重要“窗口”。因此，提高运政执法人员素质，规范运政执法行为，具有巨大的现实意义和深远的社会影响。

第五章　道路运输行政执法人员资格、素质及行为要求

道路运政执法人员作为道路运输行业的主要管理人员，在整治道路运输市场秩序，规范道路运输经营行为，提高道路运输服务质量等方面发挥着重要作用。因此，道路运政执法人员必须依照有关法律、法规和规章的要求，不仅在执法主体资格上合法，还要在行为上实现执法的标准化和规范化，保证执法效率和公平。为此，道路运政执法人员需要不断提高自身的素质和业务能力，紧跟道路运输业不断发展的新形势，满足道路运输业管理的新要求，推动道路运输业的繁荣和壮大。

第一节　道路运输行政执法人员资格及基本要求

道路运政执法是一个复杂的过程，管理工作涉及面广、政策性强、处理难度大，执法行为和结果对社会的影响范围大，很容易引起社会的关注。因此，道路运政执法人员必须要规范执法，规范执法首先要从规范执法人员的执法资格开始，确保执法主体的合法性，这也是从源头上保证整个执法过程合法、合理的必要条件。

一、道路运输行政执法人员执法资格

从事道路运输行政执法工作的，应当参加交通运输行政执法人员资格培训，经交通运输行政执法人员资格考试合格，取得《交通运输行政执法证》。

参加交通运输行政执法人员资格培训与考试，应当具备以下条件：

（1）年龄十八周岁以上，身体健康；

（2）具有国民教育序列大专以上学历；

（3）具有交通运输行政执法机构正式编制并拟从事道路运输行政执法工作；

（4）品行良好，遵纪守法；

（5）法律、行政法规和规章规定的其他条件。

已经持有《交通运输行政执法证》，但不符合上述第（2）项、第（3）项条件的人员，可以通过申请参加交通运输行政执法人员资格培训和考试，取得《交通运输行政执法证》。

下列人员不得申请参加交通运输行政执法人员资格培训和考试：

（1）曾因犯罪受过刑事处罚的；

（2）曾被开除公职的。

二、道路运输行政执法基本行为要求

道路运输行政执法人员不但要满足主体资格的要求，还要满足执法行为上的要求，做到规范执法。执法人员在执法过程中既要惩治违法行为，维护法律的严肃和权威；也要保护当事人的合法权利，体现法律的公平和正义。

案例链接

明确的法律　糊涂的执法

说扣就扣　无凭无据

一日，某市运输管理站执法人员在实施路查时，发现一辆半挂牵引车经过，示意其停车接受检查。

驾驶员卢某应运管执法人员的要求，从随车携带的包内拿出《道路运输证》和《从业资格证》，执法人员检查后告知：卢某的车辆在没有取得《道路运输证》的情况下，非法从事道路运输经营,随即将车辆暂扣。

驾驶员卢某懵了，明明已出示了《道路运输证》，怎么会出现无证的情况？卢某一再向执法人员询问原因，才得知自己出示的《道路运输证》的正本和副本不符。

这时，卢某恍然大悟。之前，原《道路运输证》的副本曾丢失，仅留下一个正本，后来补办的一套《道路运输证》与原证件的正本放在了一起，当时路遇查车，紧张情况下拿错了证。

尽管卢某一再向执法人员解释拿错证件原因，但执法人员根本不理会，并依据《道路货物运输及站场管理规定》，做出对卢某罚款3000元的行政处罚决定。

想要办事　说情才行

第二天，因车辆被扣而心急万分的卢某前往违法处理室去接受处理，工作人员要求卢某出示车辆暂扣手续方能处理违法行为。

“当时扣车后，执法人员没有给出具任何手续。”卢某回忆说。

于是卢某又赶紧跑到暂扣车辆的停车场运管执法临时办公室，欲要扣车单，但被告知扣车的执法人员倒休不在。

正在卢某一筹莫展之时，从运管执法人员临时休息办公室里突然走出一名男子：“300元钱，我帮你找到执法人员要暂扣单，并帮助处理违法行为。”

走投无路的卢某只得死马当活马医，接受了这名男子的要求，随后这名男子与暂扣卢某车辆的执法人员取得了联系，赶去其家里要回了暂扣单，并进入运管站违法处理室内，与执法人员称兄道弟，协助着卢某办理各种手续。

被剥夺陈述申辩权

办理违法处理，违法处理室工作人员告知，首先卢某要放弃陈述、申辩、听证的权利，否则不予办理。

无奈，卢某只能按照工作人员的要求写了一份制式申请，该申请载明：“对《违法行为通知书》认定的违法行为和处罚意见，我没有异议，并自愿放弃提出陈述、申辩和听证的权利。为节约我的时间，我申请对我的违法行为当即给予处罚。”

之后，卢某向执法人员缴纳了3000元的罚金。

最终，经过讨价还价，卢某付给说情男子200元好处费。

申诉无用　无奈放弃

卢某办理违法处理过程中向违法处理室工作人员解释，当时就是拿错证了，其实，有一套完整的《道路运输证》，但执法人员根本不听。

工作人员说："要有完证的一套证件，请拿来看看，以便请示领导后解决。"

当卢某拿来与《道路运输证》副本一致的正本后，违法处理室工作人员又表示，一个车辆有两套不一样的证件，处罚额度应为5000元。

最终，卢某只能放弃解释。

说怎么罚就怎么罚　要办就办不办就算

该市运输管理站做出的《交通违法行为告知书》、《行政处罚决定书》显示，处以3000元的罚款是依据《道路货物运输及站场管理规定》第六十五条第一款做出的。

《道路货物运输及站场管理规定》第六十五条第一款规定：取得道路货物运输经营许可的道路货物运输经营者使用无道路运输证的车辆参加货物运输的，由县级以上道路运输管理机构责令改正，处3000元以上1万元以下的罚款。

驾驶员卢某质疑运管处罚依据严重过错，根本不应认定无《道路运输证》，处罚至多只能依据《道路货物运输及站场管理规定》第六十五条第二款规定：道路货物运输经营者不按照规定携带《道路运输证》的，由县级以上道路运输管理机构责令改正，处警告或者20元以上200元以下的罚款。

卢某在与违法处理室工作人员理论时，工作人员不耐烦地说："要办就办，不办就算，我们要下班了。"

卢某为了及早取回被扣的车辆，只好忍气吞声，自认倒霉。

在上述案例中，执法人员存在多处不当甚至违法行为：执法人员态度恶劣，面对被管理者的申诉，不予解释和回答；执法程序严重不当，在暂扣被管理者车辆时不出具扣车凭证，也不对当事人做询问笔录，更不允许当事人陈述和申辩；明是查处分离，暗则相互勾结，变相寻租；滥用法律法规条款，随意处罚被管理者。作为国家机关的执法人员，这些行为是坚决不允许的，执法人员应自觉规范自己的行为，维护国家行政机关和自身的形象，按以下要求依法行政。

（1）道路运输管理机构应当做到查处分离、罚缴分离、监督分离。

（2）道路运输管理机构应当统一执法装备、执法文书、执法证件、执法程序、执法尺度，统一告知权利的方式。

（3）统一执法尺度。

①道路运输管理机构应当在法律、法规、规章设定的处罚额度内，执行省级交通运输主管部门公布的道路运输行政处罚、行政强制措施尺度。

②道路运输行政执法过程中，应当适用同一种法律、法规或规章进行处罚，如不能适用同一法律、法规或规章进行处罚的，可适用多个法律、法规、规章进行处罚。法律、法规、规章对同一违法行为规定相同的行政处罚的，原则上应当按照法律适用的基本原则进行合理选择。

③道路运输行政执法过程中，如果适用设有相应处罚幅度的行政处罚条款，应当按统一的尺度执行。

（4）统一行政强制措施尺度。在道路运输行政执法过程中，需要采取行政强制措施和先行登记保存证据的，应按照统一的行政强制措施尺度执行。

（5）服务忌语。道路运输管理人员在工作中不得使用以下用语：

①找谁！

②没上班呢，等一会儿再说 / 下班啦，明天再来。

③没看见上面写着呢，问什么问。

④正忙着呢，等着。

⑤真麻烦！

⑥急什么？就你的事重要。

⑦你找我，我找谁呢？

⑧看谁态度好找谁去。

⑨我不管，问领导去。

⑩开会呢，外边等着。

（6）禁止行为。道路运输管理人员不得有下列行为：

①违反规定实施行政许可和行政处罚；

②索取、收受他人财物，或者谋取其他利益；

③参与或变相参与道路运输经营以及道路运输相关业务；

④滥用职权；

⑤在工作期间喝酒；

⑥拖延时间或超过规定期限办理有关业务。

第二节　道路运输行政执法人员素质要求

素质是道路运政执法人员综合能力的体现，它直接决定着行政执法的质量和效果。包括执法人员的思想政治素质、道德素质、知识素质、业务素质、身体素质和心理素质等多个方面。执法人员的素质直接影响着执法人员在执法过程中的态度、行为，与行政相对人之间的关系和案件的结果。

案例链接

暴力执法可涉刑事犯罪

某市一私企员工于先生某日下午开车送同事去汽车客运站时，被执行监督检查的运管执法人员认为是未经许可非法从事道路旅客运输，并遭遇运管执法人员野蛮执法，头部多处受伤。

当事的运管执法人员表示，因怀疑对方非法营运，执法时确实发生了肢体冲突，但没有动手打人。

投诉：送同事去车站遭殴打致伤

“当天下午4点多的时候，我开车带着同事，把车停在汽车客运总站旁边的巷子里。刚下车，旁边冲出几个人，上来就夺我车钥匙。我当时以为是遭抢劫了，就质问对方，你们干什么？后来，其中一个人掏出证件，说他们是运管执法的，叫我配合调查。”躺在病床上的于先生讲述了事发经过。

“我当时也很恼火，对方上来夺钥匙，自己又没违法，凭什么给他。他们又让我把车开走，不能停在这里，我没理会。言语当中，双方就起了冲突。后来，他们其中有个人，拿着一瓶矿泉水砸我头上，对方一下子上来七八个人，对我拳打脚踢，我当时也还了两下手，但他们人太多，我只好抱着头蹲在地上。”于先生说。

“头部肿了好几块，还有四五处青淤，胳膊和腿都疼，需要输液治疗。”指着头上的伤痕，于先生连呼头晕得厉害。

运管所：承认有冲突但没打人

据于先生介绍，冲突过程中，同事拨打了110。很快车站治安民警就来了，询问了双方的情况，并进行了取证。

当事的运管所执法人员这样描述了事发场景：当日，他们一行四五人看到了于先生的车辆，认为该车辆疑似非法营运，首先要求该车辆停车，交出钥匙，之后要求换一个停车位，但车主并不配合，然后就开始骂人。骂声激化了双方的矛盾，之后发生了肢体冲突，但我们没有动手。

律师：若投诉属实，涉嫌暴力执法

“我根本没有非法营运，他们应该也查清了，但我人被打了，他们至今没人过问，没有一句道歉，难道他们不应该对我的受害承担责任吗？”于先生对运管部门的执法提出了质疑，不满地表示。随后于先生就此事向当地法院状告了运管执法人员的侵权行为。

律师表示如果执法人员果真有抢夺钥匙以及殴打等行为，就构成了暴力执法，这个行为本身就涉嫌人身侵权。尽管是职务行为，但如果构成伤害，单位要承担相应责任，实施伤害行为的多人，还可能要共同承担刑事责任。

以上事件的发生，不能简单地归结为执法者粗暴执法，被管理者以暴抗法。它反映出事件当事人在处理问题时对自我身份和行为的认识不够准确和深刻，以致做出不当的行为，这种认识上的错误一定程度上是与执法者自身的素质分不开的。我们常说有什么样的想法和认识就会做出什么样的行动，如果行为失去内在品质的约束，就很可能导致扭曲的结果。语言暴力和行为暴力的背后是一种情绪暴力在作怪，如唯我独尊、颐指气使的心态。道路运输行政执法人员应主动提升内在素质，时刻自我检查、自我反省、自我完善，保证在行政执法时行为不失格、形象不失体、场面不失控，创造和谐的运政执法环境。

一、道路运输行政执法人员的基本素质要求

（一）思想政治素质

道路运输行政执法人员代表着国家公职人员，一名合格的运政执法人员必须要具有较高的思想政治素质，树立正确的世界观、人生观和价值观，爱国、爱社会、爱人民。社会主义法制要求执法人员要有坚定的政治立场、坚定的共产主义信念，要深刻理解党和国家的大政方针、基本路线，并把这些贯穿到实际工作中去。执法人员应意识到自己执掌的公权，是人民依法赋予的，时刻保持为人民服务的意识。不断提高自身的法律素质，秉公执法，不滥用行政权力。

（二）道德素质

道路运输行政执法人员应当热爱人民，爱岗敬业，甘当公仆，依法行政，团结协作，廉洁奉公。执法人员应把保障人民的权利和让人民满意作为执法工作的出发点和立足点，坚持执法为民，为群众排忧解难。

依法公正的理念应当成为执法人员必须具备的基本道德素质，严格依法办事，维护法律的尊严，并自觉地把自己的行为置于法律的监督之下，不徇私枉法，不以权谋私。执法人员在不违背法律的原则下，可以人性化执法，使执法行为最大限度地符合法律的本意和社会公序良俗，让冰冷的法条也充满世间的温情。

仪表端正、谨言慎行、文明执法，这是对执法人员外在表现的规范要求，也是执法人员道德素质的体现。执法人员举手投足、精神风貌直接影响行政相对人和社会公众对执法公正公平的感知和评判。

（三）知识素质

运政管理涉及面广，管理对象复杂。道路运输行政执法人员除了要掌握道路运输相关方面的知识，还要掌握法律、心理和公共关系等方面的知识。现代行政管理要求执法人员要具有跨学科、跨行业的理论知识。执法人员掌握的知识越多，在执法实践中就具有更大的自由度，执法效率和质量就会越高。此外，文化知识还会通过知识传递、环境熏陶的过程，把优秀的文化成果内化为执法人员的气质、人格和修养，使执法人员具有相对稳定的内在品格，外化为一种执法的威严和信任。执法人员应该具备扎实的文化基础和广博的知识面，与时俱进，树立终身学习的理念。

（四）业务素质

执法人员的业务素质包括从事执法工作所需要的经济知识、业务知识、管理知识、公文写作以及计算机、电子政务等知识。也就是说，作为执法人员必须是业务上的行家、管理上的高手，不仅要有高超的岗位专业能力，还要有分析综合能力、组织协调能力、应变决断能力、语言表达能力、突破创新能力等。只有具备从事本职工作所需的各方面的知识和才能，才能胜任工作，适应日趋复杂的运政执法环境。

（五）身体素质

身体素质指执法人员具备的健康体格，全面发展的身体耐力和对执法特定职务活动的适应性。强健的身体是做好运政执法工作的本钱和物质基础，如果没有好的身体，所有素质都发挥不了应有的作用。无论是执法一线的人员还是从事其他工作的人员，都有可能会遇到紧急情况或难以应对的事务，如果没有强健的体能、充沛的精力、清醒的头脑和敏捷的反应能力，是难以胜任工作的。因此，运政执法人员要注意经常锻炼身体，保持身体健康强壮。

（六）心理素质

运政执法过程中会出现各种难以掌控的局面，心理素质好坏很大程度上决定着事件的走向和最终的结果。作为一名运政执法人员，在心理上首先要有坚定的自信心，要对事业和未来的发展充满信心，要有战胜困难和挫折的勇气和决心；运政执法人员还要具有宽广的胸怀和合作的气度，只有宽容豁达，才能正确的面对执法过程中的各种刁难和非议，从容不迫；还要有稳定的情感和顽强的意志，能够抵御错误干扰和各种诱惑，能慎独与自我净化；要有较强的情绪掌控能力，不管生活中发生了什么不愉快的事情，都不应该把情绪带到工作中去，不管工作中遇到了多么难以应对的局面，都不失去应有的职业风格和精神。

二、道路运输行政执法人员职业素质修养

（一）培养文明的执法习惯，树立良好的执法形象

目前在运政执法工作中存在一些执法人员工作方法简单粗暴，态度专横，语言粗暴；着装不规范，执法时不出示证件；不告知当事人应享有的权利，不尊重和保护当事人合法权益等问题。执法人员在执行公务时应做到文明有礼、谈吐不俗，规范执法用语，讲究政容风纪和礼节。随时随地注意维护交通执法队伍良好形象和声誉。

（二）优化执法手段和方式，减少执法矛盾

运政执法的目的是维护健康、有序的道路运输市场，保护道路运输各方面当事人的合法权益。对于那些扰乱社会经济活动对人民群众生命财产造成巨大威胁的违法行为要坚决惩罚，但这并不是说执法的目的就是对被管理对象的打击。一切行政执法都是从维护社会和谐、安定的大局出发的，行政执法人员在执法过程中应正确行使手中的权力，积极主动地向管理服务对象宣传党的政策和国家法规，善于运用各种典型事例教育管理服务对象，引导其自觉运用法规政策约束自己的行为，避免引发新的矛盾冲突。

（三）加强业务学习，提高执法能力

运政执法涉及到道路运输的各个环节，包括国民经济生产、流通、分配和消费的多个方面，面对的违法行为和管理对象错综复杂，执法依据的法律法规和规定较多。少数运政执法人员由于对法律、法规和规章学习不够，一知半解，在执法中出现乱用条款，越权处罚，执法程序不规范，不按规定填写执法文书和罚款票据等行为。这不但影响行政执法的效率和质量，还会破坏执法机关和人员在群众心目中的形象，甚至引发社会不满和执法冲

突。运政执法人员在执行公务时应熟悉政策，精通业务，按规范操作流程依法办案，快速有效地解决道路运输过程中出现的各种事件，保证道路运输行业的顺畅发展。

第三节　道路运输行政执法人员基本行为规范

随着我国道路运输事业的发展，道路运输参与国民经济的范围越来越广，道路运输涉及的环节越来越多，相应的交通行政管辖的事项也越来越多。道路运输行政执法人员在执法过程中被授予一定执法权力，代表国家行政机关对行政相对人进行管理。执法人员手中的行政权力对维护道路运输市场秩序和各方当事人的合法权利具有重要作用。但是行政权力如同其他权力一样，如果失去约束也有可能被滥用而给国家、社会和人民带来损害。所以，执法人员要正确对待身上的权力，用规范的执法行为来践行这份权力所赋予的责任和荣誉。规范执法包括规范基本执法行为、规范外业执法行为、规范自由裁量标准、规范执法风纪和执法纪律等多个方面。

案例链接

运政执法不注重形象　引当事人不满并曝光

最近某市运政执法人员在处理一起道路运输事件时，肩章佩戴不整齐，着装不规范，对待事故当事人态度不佳，未按规定使用执法用语，造成当事人不满，经当事人微信转发在网络上引起极大关注，严重影响了运政执法队伍形象。

一、案情经过

据市民朱女士反映称：其公司的一辆客车在一路口处被运政执法人员拦下，当其得知信息后赶到现场。由于到场后发现现场执法人员未戴执法帽，未佩带执法装备，不着反光背心，使其误以为公司车辆被不法分子劫持。经了解得知现场人员是运政执法人员后对其不按规定着装很不满意，且后来运政执法人员在执法过程中，语气生硬、态度冷漠，不按程序处理，更加引起她的不满。从当事人提供的现场录像看，执法人员确实存在执法用语不规范，着装不整齐，态度强硬等现象。

二、案例评析

上述案例中，当事人提供的录像里，一名运政执法人员的肩章严重歪斜，不但在夜间执法不穿戴反光背心，不戴执法帽，上衣的扣子也只歪歪扭扭系了两颗，形象非常邋遢。从中不难看出执法人员没有对运政执法中的细节引起足够的重视，没有从思想上把执法规范化建设的要求落实到自己的实际工作中，没有把人民群众对运政执法人员的新希望、新期待放在心上。录像中，执法人员的面部表情、动作神态、言语表达等方面，均从不同层面佐证了该名执法人员当时的麻痹思想和懒散情绪。并且，当事人声称已经对现场进行了录音录像，却仍然没有引起该执法人员应有的重视，执法态度没有丝毫改观。所以，在加强运政执法人员教育培训、形象建设方面还有一段很长的路要走，运政执法人员应自觉提高自身修养，规范执法形象。

三、案例启示

随着国家民主和法制建设的推进，人民群众对行政机关的执法办案程序、要求逐渐了解，维护自身权益的诉求也日益强烈。行政执法人员在执法过程中应认真对待每一起事件和每一位当事人，这不但是对行政相对人的尊重，也是对行政执法人员威信的维护。如今网络等媒体非常发达，公职人员的任何失误和不谨慎都可能在极短的时间内，在极大的范围内被报道和传播，进而造成非常严重的负面影响。所以，行政执法人员在执法办案时一定要从细节上下功夫，严格按程序、规范的要求执法办案，思想上端正执法态度，严肃对待媒体、群众的批评监督，切实加强行政执法规范化建设。

一、运政执法基本要求

（1）熟悉有关法律知识和行政执法业务。

（2）执法时按规定着装，佩戴统一的执法标志，做到仪容整洁，形象良好。

（3）执法过程中举止得当，语言文明，动作规范。

（4）严格遵守法定职责和法定程序。

（5）依法提取、收集和保存证据，规范制作法律文书。

（6）执法过程中做好安全防护，注意自身安全。

（7）自觉接受社会监督。

二、运政执法禁止行为

（1）不准超越职权执法。

（2）不准徇私舞弊、玩忽职守。

（3）不准下达或变相下达罚款指标。

（4）不准对同一违法行为重复罚款。

（5）不准酒后执法及在执法过程中吸烟和咀嚼食物。

（6）不准在同一地点双向同时拦截车辆，避免造成交通堵塞。

（7）不准采取扒车等危险方式执法。

三、运政执法着装及动作要求

执法人员执行公务时，应当按照规定统一着装。严禁歪戴帽、卷袖口、敞衣扣。路上执法时，可戴头盔，夜间必须加穿反光背心。

肢体交流是行政执法时行政人员与行政相对人的重要沟通方式，良好的肢体动作不仅可以有效地传达行政执法人员的执法意思，还能缓和双方的紧张气氛，建立和谐顺畅的执法渠道。执法人员在开始执法行为时应首先向行政相对人规范敬礼，明确表示执法的意图；在指挥车辆时也应采取规范指挥的动作，既使行政相对人能准确配合，也保证道路交通的安全和有序。

四、运政执法语言规范

道路运输行政执法人员在进行执法时，应当使用下表所列规范语言。

运政执法语言规范

执法环节	使用的规范语言
表明身份时	您好，我们是×× 单位道路运输行政执法人员，这是我们的执法证件，现在依法对您进行调查（检查），请您配合。
当事人对依法进行的调查或检查不予配合时	根据《中华人民共和国行政处罚法》第三十七条等法律的规定，您有如实回答询问，并协助调查或者检查的义务。
检查证照时	您好！请出示××证。
核实登记被调查人身份时	请出示您的身份证明。
开始调查时	请您陈述一下关于×× （涉嫌违法的行为）的情况。
制作询问笔录时	根据我们询问和您陈述的内容，我们正在制作一份询问笔录，请您稍等一下。
确认询问笔录时	这份笔录是根据您刚才的陈述和我们询问的内容制作的，请您仔细阅读笔录内容并确认。
请被调查人签名时	核对无误的话，请您在笔录的结束部分写上“以上笔录我已看过，与我所说一致”并签上您的姓名和日期。
采取行政强制措施时	您的×× （列举具体违法行为）涉嫌违反了《××条例》第××条××款的规定，依据《××条例》第××条××款的规定，依法采取××行政强制措施，请您在××（指出具体位置）签名，并于七日内到行政强制措施凭证上载明的地址接受处理。
送达通知书时	您的××（列举具体违法行为）涉嫌违反了《××条例》第××条和《××规定》第××条的规定，拟依法对您处以××元的罚款，请您在××（指出具体位置）签名，并于七日内到通知书上载明的地址接受处理。
告知当事人陈述和申辩的权利时	您有权进行陈述和申辩。
当事人拒绝签收法律文书时	拒绝签字，法律文书同样生效并视为送达。请您在工作时间到××单位领取有关文书并接受处理，具体地址是××。
告知听证权利时	根据法律的规定，您有权要求听证，如果您要求组织听证，请在收到本通知书之日起三日内到××单位提出申请，具体地址是××。
宣告行政处罚决定书时	您的（列举具体违法行为）违反了《×× 条例》第××条××款的规定，现依据《××条例》第××条××款的规定，对您处以××元的罚款，请您在××（指出具体位置）签名，并于十五日内到处罚决定书上载明的××银行缴纳罚款，具体地址是××。如有异议，请于六十日内到××处申请行政复议或者在三个月内向法院提起行政诉讼。

接上表

对当事人做出相应处理或者经调查未发现当事人有道路运输违法行为时	请注意遵守道路运输法规。谢谢合作。
当事人提出当场缴纳罚款时，如不符合当场收缴规定的	对不起，依据法律规定，我们不能当场收缴罚款。
当事人提出意见或者建议时	感谢您对我们工作提出意见（建议），我们将努力改进。 感谢您的批评，我们愿意自觉接受监督。

??? 课后思考题

案例1:

吴某向县运管局提出申请经营县内班线客运经营，请县运管局给予行政许可。接受申请的行政人员对吴某说："申请许可，先把材料准备好！"

吴某问："都需要哪些材料？"

工作人员不耐烦地说："回去看局里的网站，上面不都写着呢吗！"

几天之后吴某将准备好的材料交给运管局工作人员，并询问工作人员什么时候可以获得许可。

工作人员只说了句："回家等通知就行了！着急也没用！"

一个月之后吴某仍没有得到运管局的任何通知，便前去运管局询问。

工作人员的回答是："该条线路的运力已经饱和，不再授予其他人经营许可。"

吴某生气地问："既然是这样，为什么不早通知我，我好申请其他线路！"

工作人员见此更是没好气："就你忙啊，我们比你还忙，就你这态度哪条线路也不给你批！"

请问：案件中县运管局及其工作人员的行政行为存在哪些不当之处？

答：（1）没有履行相应的告知义务。行政工作人员对于行政相对人的正当询问应明确告知，本案中工作人员对于申请人的询问，应当场明确告知其应准备的材料。

（2）没有履行信息公开的义务。县级以上道路运输管理机构应当定期向社会公布本行政区域内的客运运力投放、客运线路布局、主要客流流向和流量等情况。而不是等到申请人提出申请之后很久才告知运力饱和，不予许可。

（3）没有在法定期限内做出行政行为。道路运输管理机构对道路客运经营申请、道路客运班线经营申请予以受理的，应当自受理之日起20日内作出许可或者不予许可的决定。该县运管局在一个月之后仍没有对申请人做出答复，属于拖延时间或超过规定期限办理有关业务。

（4）工作人员涉嫌滥用职权。案件中行政工作人员见行政相对人态度不好，就威胁说不给其办理任何许可事项。如果行政人员果真这样做了，就属于滥用职权。

（5）行政工作人员工作方式不当。本案中的行政工作人员服务态度恶劣，用语粗暴，语气生硬。

案例2：

陈某经营一家汽车维修店，该市运管处接到多起投诉，称在陈某处修理的车辆完全达不到规定的质量标准，陈某还经常使用假冒伪劣的配件为顾客维修车辆。一日，马某因驾驶陈某维修不合格的车辆发生交通事故受伤，马某遂向道路运输管理局举报了陈某。道路运输管理局执法人员张某接到投诉电话后，二话没说，就只身一人前往陈某的维修店进行调查，并当即对陈某开出罚款1万元的处罚罚单。

陈某赶忙问道："为啥罚款？"

张某大声训斥："你修的车不合格，差点出人命，还不老实认罚！"

陈某辩解："我们修的车都有出厂合格证，为啥说不合格，有啥凭证？"

张某立即教训道："你修的车不合格，还敢抵赖！"随后立即将罚款增加到2万元。

陈某拒绝支付罚款，也不承认违法事实。

见此情景，张某威胁说："等着瞧，我看你是不想开店了！"

陈某怕事，只好当场缴纳了2万元的罚款，张某将罚款往口袋里一装就走人了。

请问：上述执法人员张某在执法过程中有哪些不规范之处？

答：执法人员张某的执法行为存在多处不规范。

（1）没有遵守法定职责和法定程序。进行现场执法至少应有2名执法人员，而张某一人前往维修店，并且在没有查明当事人违法事实的情况下就做出处罚决定，随意变更罚款的数额，现场收缴大额罚款，这都是有违执法程序的。

（2）执法过程中举止不得当，语言不文明，动作不规范。不告知行政相对人陈某享有的权利，更不听取陈某的陈述和申辩，并对陈某多次使用训斥和恫吓的语言。

（3）没有规范制作法律文书，对陈某的违法行为没有书面说明。

第六章　道路运输行政执法人员执法规范

道路运输行政执法是一个复杂的、多环节的过程，为了便于管理需要对每个环节、每项执法事项都做到规范化。这种规范化不仅指运政执法的每项内容都有法可依、有章可循，也包括运政执法人员在执法程序和方法上实现规范化，依法履行职责，严格、公正、文明执法，保证运政执法的效率和质量。本章将结合道路运输行政执法的整个过程阐述运政执法人员规范执法应该做到的事项。

第一节　道路运输监督检查基本规范

道路运输监督检查是对道路运输经营行为的监控、考察和指导工作，有预防违章、纠正违规、掌握情况和搜集信息的功能。它既是道路运输行政执法人员的主要工作内容，也是进行行政管理的重要方式之一。监督检查工作充分体现了行政执法的预防性与前瞻性，是行政执法工作的重要开始，运政执法人员应在开始前做好充分的准备，在执行过程中还应注意执法的规范性，保证监督检查工作目标的实现，避免无效行为甚至事故的发生。

案例链接

运管执法引发车祸　执法人员见死不救

执法检查造成堵车引发车祸

2011年6月11日凌晨1时30分左右，运煤车司机崔某行驶到某公路时，正赶上前面有执法检查，于是他把车停了下来，几分钟后从车的尾部传来了一声巨响，崔某意识到自已的车被撞了。

追尾的是一辆解放牌重型货车，当时拉了一车石头，由于天色较暗，再加上车体的惯性较大，解放牌货车的驾驶室被撞得严重变形，并瞬间着起了大火。

由于车体变形严重，再加上没有专业的救援设备，解放牌货车内的2名司机最终没能幸免于难，在事故中还有一辆运输钢筋的大货车被肇事货车掉下来的石头砸得严重变形，并有一名司机受伤。

出车祸执法者开车就跑

出事的路段到底是一条什么样的公路？深更半夜到底是什么部门在执法检查？检查人员在事故发生后又做了些什么？

出事的路段是一条二级公路，司机们说事发前这一路段正有执法人员在对过往车辆实施检查。

一位事发时也在场的货车司机说：“我们还没明白最前面是什么情况呢！只听前

面（司机）说罚款，罚一个走一个，两排车，那面一排，这面一排。”

一些经常过往此路段的司机说，他们是运管站的，他们经常在夜间实施检查，而且在执法路段没有任何警示标识，天黑路窄司机稍微不注意就容易发生危险。

而事发后执法人员的表现更是让司机们感到气愤。

一位货车司机说：“他们是运管的，事发后他们说救人啊，救人找交警，随后他们开车就跑了。”

从司机手里的票据来看，所盖的公章是某县运输管理站，司机们说当时的执法人员大概有四五个人，是某县运输管理站的工作人员，可是事发后，这几个人再也没有出现。

相关执法人员被停止工作

该事件经电视台报道后，引起了相关部门的高度重视，成立了纪委、监察、交通等部门组成的联合调查组，对事件展开调查。

该县道路运输管理站站长说：“我们运管站要认真调查，如果执法人员真是违纪违法到一定程度，我们绝不手软。目前相关执法人员已被停止了工作，调查结束后，会对相关人员做出处理。”同时对司机们反映的执法方式问题，运输管理站站长也表示：“近期要在全县运管部门内部开展执法人员的培训和教育工作，对违法检查行为坚决改正。”

以上事件不仅显示出运管人员监督检查方式上的问题，也暴露出部分执法人员的道德素质问题。通过有效的监督检查工作可以提前发现非法运输经营行为，及时采取整改制止措施，进而防止事故的发生。监督检查的目的本是为了查处违法行为，减少事故；然而不当的监督检查行为却带来了更大的灾难。监督检查工作应该严格按照职权限制和规定的程序进行，不得乱设卡、乱收费、乱罚款，更不能因此破坏正常的交通秩序和道路运输市场秩序。

一、公路路口车辆检查

道路运输管理机构在实施监督检查过程中，应当在道路运输企业、客货运输站场、客货集散地等加强源头管理，同时可以在公路路口检查运输车辆，查处道路运输违法行为。道路运输管理机构在公路路口实施监督检查时，应当符合以下要求。

（1）在公路路口现场检查的执法人员不得少于2名。

（2）根据道路条件和交通状况，选择安全和不妨碍通行的地点进行检查，避免引起交通堵塞。

（3）在距离检查现场安全距离范围连续摆放发光或者反光的示警灯、减速提示标牌、反光锥筒等警示标志。

（4）采用徒手指挥和使用停车示意牌（灯）两种方式指挥停车，夜间一律使用停车示意灯进行指挥。

（5）执法人员指挥停车，应站在道路中线的左端，面向来车，留出安全距离，连续发出停车检查信号，指挥车辆到达指定的停靠位置。

（6）被检车辆停稳后，执法人员应表明身份，出示执法证件。

（7）在公路路口检查车辆，应当全面收集证据。经查未发现违法行为的，应交还有关证件，立即放行，并做好检查登记；发现有违法行为的，按立案和调查取证程序处理。

二、对道路运输相关业务经营场所的监督检查

（1）各级道路运输管理机构应当定期或不定期对道路运输企业、客货站(场)、机动车维修经营场所、机动车驾驶员培训学校等经营场所进行监督检查。

（2）监督检查必须有2名以上执法人员参与并经执法单位负责人批准方可进行。

（3）在监督检查前，应出示执法证件，告知检查项目，并做好记录。

三、道路运输检查站

（1）设立道路运输检查站，应由省级交通运输主管部门统一规划，报省级人民政府审批。省级道路运输管理机构应当制定统一的检查站工作职责、工作制度和管理措施。

（2）道路运输检查站应悬挂省级人民政府批准设站的公告。

（3）道路运输检查站应配置必要的交通、通讯设备和视听器材。

（4）道路运输检查站的调整、撤并、变更由省级道路运输管理机构提出意见并报省级交通运输主管部门后，由省级交通运输主管部门报省级人民政府审批。

（5）道路运输检查站设立所需经费由设立地县级交通运输主管部门解决。

第二节　道路运输行政执法证据规范

任何事情都要讲证据，运政执法作为一项代表国家行政机关的行为更要讲究证据，惟其如此才能体现行政执法的公平和严肃。运政执法证据是执法人员证明案件真实性的依据，也是做出行政处罚的凭证。行政执法中没有证据或者主要证据不足，行政执法机关就不能定案，也不能对行政相对人做出处理；否则将可能引起行政复议或者行政诉讼，并最终败诉。在运政执法中证据收集的全面、客观和规范对整个执法过程至关重要，是合理执法的必要前提。

案例链接

的哥告运管　一审获胜诉

一、案件介绍

突然降临的处罚

的哥汪某诉称，5月15日，他收到市运管局作出的《行政处罚决定书》：根据乘客举报，认定他的出租汽车于5月12日19点55分在某交叉路口拒载乘客，责令他停业整顿5日。而汪某回忆当时他的出租汽车并不在运管局所说的交叉路口，更不可能在此交叉路口拒载乘客，且有视频资料为证。

的哥不服市运管局的处罚，认为运管局仅根据一名乘客的证言就对他作出处罚，属于“调查不清，认定事实错误”。遂向法院提起行政诉讼，申请法院撤销该处罚决定。

事实大于言辞

经法院审理查明，5月12日19点55分，市运管局接到举报人袁先生电话举报，举报汪某驾驶出租汽车在某交叉路口拒载，市运管局对举报人作了询问笔录后，于5月15日作出《违法行为通知书》，并于同日作出《行政处罚决定书》，对原告处以责令停业整顿5日的处罚。

另查明：该出租汽车所有人为该市公共交通总公司，案发时间段市运管局车辆管理系统显示该车的驾驶员为杨某而非汪某。且汪某车载记录仪提供的相关证据证明汪某当时驾驶的车辆并不在举报人指定的拒载现场，距离拒载现场有10公里之远。

根据以上事实，法院认为市运管局对汪某作出的行政处罚认定事实不清，证据不足。处罚决定仅根据举报人的投诉和对其作出的询问笔录作出，而没有证据证明该违法情形与汪某有直接关系。一审判决撤销该市道路运输管理局5月15日作出《行政处罚决定书》的具体行政行为。

二、案件分析

在执法实践中，由于受中国几千年历史传统遗留下来的重“言词证据”思维方式的影响，大部分执法机构仍十分强调相关人员说了什么，而很少去调查取证。

《中华人民共和国行政处罚法》第三十六条规定：除本法第三十三条规定的可以当场作出的行政处罚外，行政机关发现公民、法人或者其他组织有依法应当给予行政处罚的行为的，必须全面、客观、公正地调查，收集有关证据；必要时，依照法律、法规的规定，可以进行检查。这条规定规范了行政机关在实施行政处罚前，应当进行调查，收集有关证据。

在行政执法中遇到没有本系统可供参照的法律条文时，也可参考其他方面法律条款的意思和原则。比如《中华人民共和国刑事诉讼法》第五十三条规定：对一切案件的判处都要重证据，重调查研究，不轻信口供。只有被告人供述，没有其他证据的，不能认定被告人有罪和处以刑罚；没有被告人供述，证据确实、充分的，可以认定被告人有罪和处以刑罚。这一规定，实际上体现了这样一种证据规则，即法律重视法律事实，不轻信当事人的供述。在道路运输行政处罚过程中，也可以原则性地确定这样的规则，最大程度体现实事求是、公正执法的作风。

另外，对行政机关在实施行政处罚以前，应该收集什么样的证据，哪些问题需要证据证明，证据收集到什么程度等问题也是执法人员必须清楚的。

证据是用来证明案件事实的根据，发挥这一作用的证据必须同时具备客观性、合法性、关联性。证据的客观性、合法性、关联性是证据的三个基本特征，也是区别证据与非证据的分水岭。不具有这三个特征的证据就不能成为定案和判罚的依据。

一、证据的客观性

证据的客观性，是指证据所反映的内容必须是客观存在的事实，这一事实是伴随着案件的发生、发展的过程而遗留下来的，不以人们的主观意志为转移的事实。首先，证据的内容必须具有客观性，必须是对客观事物的反映，不能是纯粹个人主观的判断、想象、假设、推理、猜测。其次，证据必须要有正确的来源。对于没有正确来源的如匿名信、小道消息、马路新闻等，因无法查证，不具备客观性，不能作为证据使用。第三，证据必须具备客观存在的形式，必须是人们可以以某种方式感知的东西。运政执法中采用的证据包括书证、物证、视听材料、证人证言、当事人陈述、鉴定结论、勘验笔录和现场笔录。

二、证据的合法性

证据的合法性，是指证据必须符合法定形式，证据的取得必须符合法律、法规、规章和司法解释的要求，证据不能有影响其效力的其他违法情形。证据的合法性包含三方面的内容。

第一，证据的主体必须符合有关法律的规定。如，不能正确表达意志的证人提供的证言就是不具有证明效力的证据，不能在定案和判罚的过程中使用。未成年人所作的与其年龄和智力状况不相适应的证言；与一方当事人有亲属关系或者其他密切关系的证人所作的对该当事人有利的证言，或者与一方当事人有不利关系的证人所作的对该当事人不利的证言，不能单独作为定案依据的证据使用。

第二，证据的形式必须符合有关法律的规定。例如，鉴定结论和勘验检查笔录上必须有鉴定人员或勘验检查人员的签名盖章。在运政执法中执法人员应当在勘验笔录中记载勘验的时间、地点、勘验人、在场人、勘验的经过和结果，由勘验人、当事人、在场人签名。勘验现场时绘制的现场图，应当注明绘制的时间、方位、绘制人姓名和身份等内容。现场笔录应当载明时间、地点和事件等内容，并由执法人员和当事人签名。当事人拒绝签名或者不能签名的，应当注明原因。有其他人在现场的，可由其他人签名。只有这样才能最大程度的保证证据的合法性。

案例链接

多亏了现场笔录

一、案件介绍

张某驾驶客运班车未在规定的地点上下车，被当时执勤的运政执法人员当场发现，按照《道路旅客运输及客运站管理规定》的规定，对其作出罚款1500元的处罚，张某对罚款很是不满，并拒绝在执法人员制作的现场笔录上签字。

数日后张某向法院提起行政诉讼，请求法院撤销运管局对其作出的交通行政处罚决定，理由是自己没有在规定的站点以外上下客，并找来当天的一名乘客为其出庭作证。被告运管局提供的证据是张某在规定站点以外停车上下客的现场笔录，该笔录载明了张某停车上下客的时间、地点和客车当时上下客的情况，虽没有张某的签名，但有两名当车乘客的签名。张某主张其当时并没有违规上下客，并有证人出庭为其作证；而运管局出示的现场笔录只是一家之言，并无其他证人在场。张某原以为法院会作出他没有违规的认定，但让他大感意外的是，法院将该现场笔录作为定案证据，作出了原告张某在规定站点以外停车上下客的认定，维持了运管局的处罚决定。

对这一判决，很多人感到大惑不解，证人证言的法律效力竟抵不上现场笔录？

根据《行政诉讼法》第三十三条规定，现场笔录属于行政诉讼中的一种法定证据。最高人民法院《关于行政诉讼证据若干问题的规定》（以下简称《规定》）第十五条规定：被告向人民法院提供的现场笔录，应当载明时间、地点和事件内容，并由执法人员和当事人签名。当事人拒绝签名或者不能签名的，应当注明原因。有其他人在现场的，可由其他人签名。由此可知，运管局执法人员制作的现场笔录是合法的。然而，证人证言也是行政诉讼中的法定证据，为什么法院不采纳证人的证言呢？这是因为两者的效力有所不同。《规定》第六十三条规定，证明同一事实的数个证据，其证明效力一般可以按照下列情形分别认定：……鉴定结论、现场笔录、勘验笔录、档案材料以及经过公证或者登记的书证优于其他书证、视听材料和证人证言……法院才据此作出了维持运管局对张某的处罚决定的判决。

二、案件分析

运政执法人员在执法的过程中一定要规范填写现场笔录，因为这可能成为以后行政复议或行政诉讼案件的重要证据。对于打击违法违规行为和保护自身权利都具有重大作用。道路运输过程中的很多违法违规行为稍纵即逝，如果现场笔录没有记好，就很难再找到合法的证据了。

对于某些事后难以取证的违法违规行为，执法人员一定要重视做好现场笔录。在制作现场笔录时一定要注意以下几个问题。

（1）制作现场笔录要有两名以上具有执法资格的执法人员。

（2）执法人员与记录人要分别签名，不能代签，否则会影响这一证据的合法性。

（3）事件要记录详细、书写规范：

①现场笔录应以第三人称、陈述句描述；

②全面记录现场检查过程中发现的情况，记载违法行为的发生时间、地点、事情经过及主要证据等相关内容；

③记录时使用的文字要规范、简洁、客观。

第三，证据的收集程序或提取方法必须符合法律的有关规定。例如，行政机关严重违反法定程序收集的证据材料就不具有证明效力。

知识链接

钓鱼执法违反法定程序

合法性是证据的基本属性之一，非法证据不能作为行政机关认定案件事实的依据。《行政处罚法》第三条第二款规定：没有法定依据或者不遵守法定程序，行政处罚无效。在钓鱼执法中，执法人员寻找社会人员作为诱饵，引诱行政违法者就范，违反了行政程序。《行政处罚法》第三十六条规定：行政机关发现公民、法人或者其他组织有依法应该给予行政处罚的行为的，必须全面、客观、公正地调查，收集有关证据。行政主体应当首先发现违法行为，而钓鱼执法中未发现违法行为，首先推定相对人违法，而利用“钓钩”引诱当事人犯法，而后进行处罚，这就违背了应当先发现违法行为而后调查取证的规定。

行政执法中的“钓鱼执法”，应当是源于刑事侦查中的“设套抓捕”，即在掌握一定证据的同时，为了抓获已知犯罪嫌疑人，而通过“诱惑”方式，以利引之，使其落网。但“诱捕”有着严格的控制要求：第一、诱捕对象是犯罪嫌疑人；第二、已经掌握其部分证据；第三、诱捕时的事实不作为犯罪证据。但刑侦中的设套，是为了抓住已有犯罪嫌疑之行为人，而所设之套本身，也不能成为证据。但是，行政执法中的“钓鱼”，却是引诱守法公民“违法”，并把所设之套作为定性的证据。这种取证的方式本身显然就是违法的。

行政机关在采证时应当建立非法证据排除规则，行政处罚中确立非法证据排除规则有利于行政机关依法取得证据，促进行政机关依法行政，保护相对人合法权益。下列证据不具有证明效力。

（1）严重违反法定程序收集的证据材料。

（2）以偷拍、偷录、窃听等手段获取侵害他人合法权益的证据材料。

（3）以利诱、欺诈、胁迫、暴力等不正当手段获取的证据材料。

（4）当事人无正当理由拒不提供原件、原物，又无其他证据印证，且对方当事人不予认可的证据的复制件或者复制品。

（5）被当事人或者他人进行技术处理而无法辨明真伪的证据材料。

（6）不能正确表达意志的证人提供的证言。

（7）不具备合法性和真实性的其他证据材料。

钓鱼执法显然违背了上述第三项规定，行政执法者以利诱、欺骗等正当手段获取证据。

此外，下列证据不能作为具体行政行为合法的依据。

（1）行政执法机关及其诉讼代理人在做出具体行政行为后或者在诉讼程序中自行收集的证据。

（2）行政执法机关在行政程序中非法剥夺公民、法人或者其他组织依法享有的陈述、申辩或者听证权利所采用的证据。

（3）行政执法机关在行政程序中未作为具体行政行为依据的证据。

三、证据的关联性

证据的关联性，是指证据必须与案件待证事实之间存在一定的联系，并因此对证明事实具有实际意义。证据对于案件事实有无证明力，以及证明力之大小，取决于证据与案件事实有无联系，以及联系的紧密、强弱程度。

在具体的运政执法活动中，具有关联性的证据首先必须与案件事实之间存在一定程度的联系，而且这种联系是客观的，不是主观臆想的。比如，在一条限速行驶的路段一位未携带《道路运输证》的大货车驾驶员（具有从业资格）驾驶货车在靠右的行车道上正常行驶，迎面一超速行驶的车辆与之相撞。交通事故认定，占道并超速行驶的车辆的驾驶员负事故的全责。本案中占道并超速行驶的证据与事故的发生就存在关联性，而未携带《道路运输证》虽然违规，但它与本次交通事故没有因果关系。因此，未携带《道路运输证》就不能作为证明大货车驾驶员此次交通事故中有责任的证据。其次，证据与事实之间的联系形式有多种，如因果联系、时间联系、空间联系、偶然联系和必然联系、直接联系和间接联系、肯定联系和否定联系等，每种联系都可能起到证明待证事实的作用。第三，证据与案件事实之间的联系能够为人们所理解和认识。如果尚未被现实所理解和认识，则不能断定其具有关联性，当然更不能作为定案的根据。

证据的客观性、合法性、关联性三者密不可分，缺一不可，只有同时符合以上三个特征，才能作为定案和判罚的证据加以采用。

第三节　道路运输行政强制程序规范

行政执法中为了制止违法行为、防止证据损毁、避免危害发生、控制危险扩大等情形，执法人员需要对行政相对人的人身自由实施暂时性限制，或者对行政相对人的财物实施暂时性控制；有时行政决定作出后行政相对人拒绝执行，这时就需要行政机关或者行政机关申请人民法院，对不履行行政决定的行政相对人依法强制履行义务。行政强制措施和强制执行都是行政强制的范围。由于行政强制措施或执行会对行政相对人的人身权、财产权产生巨大的不利影响，在执行时必须保证行政强制程序的合法、正当。规范使用行政强制程序不但有利于案件的高效解决，更能合理保护行政相对人的合法权益，减少不必要的执法矛盾。

一、道路运输行政强制措施实施程序

县级以上道路运输管理机构依照法律、法规的规定，在职责范围内实施道路运输行政强制措施。道路运输行政强制措施权不得委托。

依据《中华人民共和国行政处罚法》的规定行使相对集中处罚权的交通运输行政执法机关，可以实施法律、法规规定的与道路运输行政处罚权有关的行政强制措施。

行政机关执法人员实施行政强制措施，必须是在必要性的前提下进行。违法行为情节显著轻微或者没有明显社会危害的，可以不采取行政强制措施，不得随意或者违反规定程序实施行政强制措施。

案例链接

行政执法不能忽视程序

一、案件介绍

2014年春节期间，王先生开着私家小轿车外出，在一路口停车办事时，被区运管所以“开展非法营运”之名扣留，最后将车辆强行拖走。王先生对此感到非常气愤，

不能接受，遂以“运管所并没有证据证明他开展非法营运，应返还车辆”为由，将运管所告上法院。

在庭审中，运管所出示了一张于几天前录制的VCD执法光盘。光盘的画面显示，一个不明身份的人拉开车门，并能听到此人正在询问王先生前往××地的事宜，但画面未能显现该询问人是否坐上了车子，也未听到王先生同意其乘车的声音。在该案庭审过程中，这名“询问人”始终未露面。2014年3月、6月，法院在一、二审中均判定运管所的扣车行为没有合法依据。

最终法院作出终审判决：运管所认定王先生非法营运及扣车行为无法律依据，且程序不合法，应将车辆归还王先生。法院同时还撤销了“要求王先生缴纳5万元非法营运罚款”的处罚决定。至此，运管所在这起行政诉讼中败诉，并将面临行政赔偿。

二、案件分析

第一，运管所在扣押王先生的车辆时既没说明原因，也没听取王先生的陈述和申辩，扣车后没有出具扣车凭证，程序不合法。

《中华人民共和国行政强制法》第十八条规定：行政机关实施行政强制措施应当遵守下列规定。

（1）实施前须向行政机关负责人报告并经批准；

（2）由2名以上行政执法人员实施；

（3）出示执法身份证件；

（4）通知当事人到场；

（5）当场告知当事人采取行政强制措施的理由、依据以及当事人依法享有的权利、救济途径；

（6）听取当事人的陈述和申辩；

（7）制作现场笔录；

（8）现场笔录由当事人和行政执法人员签名或者盖章，当事人拒绝的，在笔录中予以注明；

（9）当事人不到场的，邀请见证人到场，由见证人和行政执法人员在现场笔录上签名或者盖章；

（10）法律、法规规定的其他程序。

第二，运管所在暂扣车辆30多天后才作出扣车决定并补制扣车凭证，逾期扣押车辆的行为不合法。《中华人民共和国行政强制法》第二十五条规定，查封、扣押的期限不得超过三十日。道路运输行政执法中遇情况复杂的，应当制作《延长扣押期限审批表》，经道路运输管理机构负责人批准，可以延长，但是延长期限不得超过三十日。经批准延长扣押期限的，应当制作《延长扣押期限决定书》，并及时送达当事人。

扣押物品有下列情形之一的，道路运输管理机构应当及时作出解除扣押决定，并制作《解除行政强制措施通知书》，送达当事人。

（1）当事人没有违法行为；

（2）扣押的财物与违法行为无关；

（3）对违法行为已经作出处理决定，不再需要扣押；

（4）扣押期限(包含延长期限)已经届满;

（5）其他不再需要采取扣押措施的情形。

第三，运管所作出交通行政处罚决定程序违法，因为处罚的5万元金额过大，没有经过听证或集体研究，且在扣车一个多月后才作出，处罚决定未在规定的时间内作出，处罚决定书也未在规定的一个月内送达当事人。

第四，使用证据不当。运管所出示的光盘画面和声音均不全面，不能与非法营运行为建立佐证关系，因此不能作为非法营运的证据。

此案由于行政执法人员一再忽视行政执法程序，行政强制措施和行政处罚均未按规定的程序执行，从一开始就埋下了败诉的伏笔。此外，行政执法人员不重视证据的收集和证据的质量，证据链不完整，也是导致败诉的原因。

二、道路运输强制执行程序

行政处罚决定作出后，当事人在法定期限内不申请行政复议或提起行政诉讼，又不履行处罚决定，道路运输管理机构可以自期限届满之日起三个月内，依法申请人民法院强制执行。

当事人对人民法院作出的行政案件的生效判决、裁定拒绝履行的；经复议的案件当事人逾期不起诉又不履行行政复议决定的，按照《行政诉讼法》、《行政复议法》等相关法律法规规定，也可以申请人民法院强制执行。

案例链接

行政强制应合理合法

一、案件经过

某市运输管理局的运政执法人员刘某在某区设点检查时，发现一辆私家车途经此地并停车下客。经向乘车人员倪某、陆某询问，轿车司机张某接受两人有偿乘车，双方谈妥了目的地和车费（每人15元），检查时尚未收取车费。调查期间，刘某多次打断张某的申辩，对其说："你就不要狡辩了，现在证据确凿。"后刘某以车主非法从事客运为由，开具了暂扣、扣押物品凭证，扣押了张某的车辆。并以张某无营运证，擅自从事出租汽车客运业务，依据《某市出租汽车管理条例》向张某开具《行政处罚决定书》，罚款人民币一万元。对于这样的处罚张某不能接受，于是拒绝缴纳罚款，但是也没在规定的日期内提起行政复议和行政诉讼。某日，刘某见被扣的车辆一直闲置不用，遂驾驶该车外出办事，回来途中因与其他车辆发生碰撞致使该车损毁。后来张某履行了处罚决定，准备领回被扣车辆时，发现车辆损毁严重。

二、案件分析

第一，该案例中执法人员的执法行为存在下列问题。

（1）仅有一名执法人员进行执法。《行政强制法》第十八条规定，行政机关实施行政强制措施应当由2名以上行政执法人员实施。本案中，该运输管理局只选派了一名执法人员刘某。

（2）执法过程中不听取当事人的陈述、申辩。《行政强制法》第十八条规定，行政机关实施行政强制措施应当听取当事人的陈述和申辩。本案的执法人员刘某多次打断轿车司机张某的申辩。

（3）擅自使用被扣押的财物，《行政强制法》第二十六条规定：对查封、扣押的场所、设施或者财物，行政机关应当妥善保管，不得使用或者损毁；造成损失的，应当承担赔偿责任。

第二，对于张某的轿车损毁的损失，该由谁承担责任呢？《行政强制法》第六十二条规定，对行政机关擅自使用扣押财物的行为，应由上级行政机关或者有关部门责令改正，对直接负责的主管人员和其他直接责任人员依法给予处分。

第三，若张某在法定期限内既不缴纳罚款，又不申请行政复议、提起行政诉讼，则该运管局应如何处理呢？

（1）加处罚款或者滞纳金。根据《行政强制法》第四十五条规定：行政机关依法作出金钱给付义务的行政决定，当事人逾期不履行的，行政机关可以依法加处罚款或者滞纳金。

（2）将扣押的车辆依法拍卖抵缴罚款。《行政强制法》第四十六条规定，当事人在法定期限内不申请行政复议或者提起行政诉讼，经催告仍不履行的，在实施行政管理过程中已经采取查封、扣押措施的行政机关，可以将查封、扣押的财物依法拍卖抵缴罚款。

（3）申请人民法院强制执行。《行政强制法》第四十六条规定：行政机关依据本法第四十五条规定实施加处罚款或者滞纳金超过三十日，经催告当事人仍不履行的，具有行政强制执行权的行政机关可以强制执行。没有强制执行权的行政机关应当申请人民法院强制执行。申请人民法院强制执行应按下列程序进行。

①制作并向当事人送达《交通运输行政强制执行催告书》，催告当事人履行义务。

②催告书送达十个工作日后当事人仍未履行义务的，道路运输管理机构可以向所在地有管辖权的人民法院申请强制执行。

③道路运输管理机构申请人民法院强制执行，应当提供下列材料：

·《行政强制执行申请书》，经道路运输管理机构负责人签名，加盖单位印章，并注明日期；

·《行政处罚决定书》及作出决定的事实、理由和依据；

·当事人的意见及道路运输管理机构催告情况；

·申请强制执行标的情况；

·法律、行政法规规定的其他材料。

第四节　道路运输行政处罚程序规范

对道路运输违法行为进行处罚是维护道路运输市场秩序的重要手段，也是保护道路运输各方参与者合法权益的途径。没有规矩不成方圆，没有处罚也就不能发挥法律法规对违法行为的震慑作用。但实施行政处罚的目的不是为了制裁，而是为了纠正违法，通过行政处罚起到警戒和教育的作用，使所有道路运输参与者都能自觉遵守法律法规，合法经营。道路运输行政执法人员应按照规定的程序进行行政处罚，既要惩治违法，又要保证行政相对人的合法权益，依法公正执法，实现行政处罚的真正目的。

道路运输行政处罚程序分为简易程序和一般程序。违法事实清楚并有法定依据，对公民处以50元以下、对法人或者其他组织处以1000元以下罚款或者警告的行政处罚的，可以适用简易程序，当场做出行政处罚决定。对于适用简易程序当场做出处罚决定的案件，执法人员应当依法制作行政处罚决定书，当场交付当事人，并应当告知当事人不服行政处罚决定可以依法申请行政复议或者提起行政诉讼。除适用简易程序的以外，应当适用一般程序，道路运输行政处罚的一般程序包括以下内容。

一、立案和调查取证程序

（一）立案程序

（1）根据有关法律、法规、规章的规定，依法对涉嫌违法行为进行调查。

（2）询问当事人的基本情况。

（3）询问涉嫌违法行为的基本情况。

（4）执法人员在初步调查结束后，认为有证据证明违法事实成立的，报执法现场负责人审核。

（5）执法现场负责人对违法事实、主要证据和处理该案件所援引适用的法律、法规、规章及具体条款审核后，做出立案或者不予立案的决定。

（6）执法人员制作立案文书。

（二）调查取证程序

（1）2名以上执法人员进行调查取证：调查时分工明确，各司其职，一人询问，一人同时记录。在法律文书中有2名以上执法人员的签名，案件卷宗中有2名以上执法人员共同执法的记录。

（2）询问证人和当事人，应当个别进行并告知其作伪证的法律责任。制作询问笔录，应当经被询问人阅核后，由询问人和被询问人共同签名或者盖章，询问笔录中涂改之处应由被询问人确认并签名或者捺指印。被询问人拒绝签名或者盖章，由询问人在询问笔录上注明情况，并用录像录音等形式进行取证。

（3）提取与保存证据。

①提取证据应当注明具体时间和地点。

②应当注明物品名称、规格、型号、数量等物品性状。

③应当注明证据保存期限和保存地点。

④需要登记保存的证据，应有保存依据、保存清单和领导审批记载，登记保存的证据应当在7日内做出处理决定。

⑤有被调查取证者的签名或者盖章，被调查取证者拒绝签名或者盖章的，由执法人员注明情况并签字。

（4）执法人员应当制作道路运输违法行为调查报告，对调查报告审核后，做出审批意见。

案例链接

运管所摘走出租汽车车牌遭司机起诉——证据保存须合法

一、案件介绍

2013年2月14日，春节期间，加上当天大雪路滑，一位出租汽车司机擅自提高了起步价，并多收了运费。一位较真儿的乘客以出租汽车不按计价器收费为由向运管所举报。

次日，运管所派出工作人员将这辆出租汽车拦截。这位出租汽车司机不承认自己提高收费标准、拒载乘客。见司机不承认违法运营，运管所工作人员就将其出租汽车车牌照、营运牌、呼叫台、计价器予以拆卸，并向其出具了《证据登记保存清单》。

2013年3月11日，运管所向该司机送达了《道路运输违法行为通知书》，拟给予其2000元罚款。

出租汽车司机认为，运管所听信谎言举报，强行拆掉出租汽车的营运牌、车牌照等，使出租汽车失去营运资格，行政强制措施违法，遂将运管所告到法院，要求撤销运管所作出的《道路运输违法行为通知书》，归还扣押的物品，并赔偿经济损失7000元。为证明自己的主张，出租汽车司机向法院提供了出租汽车公司出具的营运收入证明和6份证人的证言。

运管所辩称，对该出租汽车的计价器、车牌照、呼叫台等登记保存是行政机关办案的需要，符合有关法律规定，出租汽车司机的诉讼要求没有法律根据。同时，他们也向法院提供了6份证人证言，证明该出租汽车在车牌照被扣后仍实施营运活动，并无损失。

法院经审理认为，运管所作为道路运输管理的执法机构，专门从事道路运输管理工作，有权依照法律、法规及规章要求，对其辖区内道路运输违法行为予以处理。但运管所在实施登记保存的行政强制措施时，未经交通管理部门负责人批准擅自进行，且没有在法定的7日内作出处理，程序违法，应对由此造成的损失负赔偿责任。对于出租汽车因此遭受的损失，因出租汽车司机提供的证据不符合证据规则要求，且证人没有出庭作证，遂驳回出租汽车司机要求运管所赔偿7000元的起诉。

二、案件分析

（一）证据先行登记保存有严格的适用条件

证据先行登记保存，是指行政机关为防止证据隐匿、转移、销毁或者防止易于灭失的证据灭失，通过法定程序采取的收集证据的一种方式。

证据先行登记保存涉及公民、法人和其他组织的财产权，采取这一方式，必须符合法定条件。根据《行政处罚法》的规定，适用证据先行登记保存必须符合下列条件。

（1）法定期间。即证据先行登记保存是行政执法人员履行了内部立案程序，在收集证据这一法定期间内采取的。

（2）法定情形。即证据先行登记保存是行政执法人员收集证据时在证据可能灭失或者以后难以取得的法定情形下采取的。如果可采取调查笔录、视听资料和勘验笔录等其他形式去收集证明和认定行为人违法事实的证据，就不应采取证据先行登记保存这一方法。

（3）法定权限。即批准采取证据先行登记保存的法定权限属于行政机关负责人，行政执法人员在采取证据先行登记保存之前，必须经行政机关负责人批准。

（4）法定要求。即行政机关先行登记保存的物品必须是与违法行为有直接必然关联的物品，必然具有证据客观性、关联性和合法性三个基本特征。同时，在证据先行登记保存期间，必须对登记保存的物品进行妥善保管，以保证物品的完整，当事人或者有关人员不得销毁或转移证据。

本案中，运管所采取证据先行保全的强制措施时，未经机关负责人批准，并将与违法行为没有直接关联、由公安机关核发的汽车牌照拆走，程序属违法。

（二）证据先行登记保存须在7日内作出处理

为了稳定行政法律关系，也为了维护行政相对人的合法权益，《行政处罚法》明确规定行政机关实施证据先行登记保存的法定时限为7日。即行政机关必须在7日内通过对证据的审查和判断，进行分析研究，鉴别真伪，如果认为当事人存在违法行为，就应及时做出没收、解除登记保存等处理决定；如果认为当事人无违法行为，应当及时解除证据先行登记保存。超过规定期限未作处理，先行登记保存应视为无效。

本案中，运管所于2月15日对涉案出租汽车作出证据先行登记保存行政强制措施，直到3月11日才向该出租汽车司机送达了《道路运输违法行为通知书》，远远超出法律规定的7日期限，其程序严重违法。

（三）要求行政赔偿须提供有效证据

由于具体行政行为违法而给当事人造成损失，作出该行为的行政机关依法应予赔偿。《国家赔偿法》第二条规定：国家机关和国家机关工作人员违法行使职权侵犯公民、法人和其他组织的合法权益造成损害的，受害人有依照本法取得国家赔偿的权利。

《最高人民法院关于行政诉讼证据若干问题的规定》第五条规定：在行政赔偿诉讼中，原告应当对被诉具体行政行为造成损害的事实提供证据。第十条规定，当事人向人民法院提供书证的，应当提供书证的原件。第七十一条第三款规定，应当出庭作证而无正当理由不出庭作证的证人证言不能单独作为定案的依据。

本案中，出租汽车司机为了证明运管所的证据保存行为给自己造成了经济损失，向法院提供了出租汽车公司出具的证明，以证明出租汽车每天的营运收入。但由于这份证明系复印件，不能证明其真实性，无法作为有效证据。原告出租汽车司机提供的6份证人证言，由于证人没有出庭作证，也不符合证据规则的要求，法院无法采信。因此，由于原告对自己遭受的损失没有充分确定的证据，其诉讼请求没有得到法院支持。

二、违法行为通知书送达程序

（1）执法现场负责人认为拟给予当事人行政处罚的，执法人员应当制作《道路运输违法行为通知书》。

（2）执法人员应当告知当事人拟给予的行政处罚内容及其理由和依据。

（3）执法人员应当听取当事人陈述和申辩。

（4）符合听证条件的，应当制作行政处罚听证告知书，告知当事人可以在3日内要求组织听证并告知申请听证的地址。听证告知书应当送达当事人。

（5）将《道路运输违法行为通知书》现场送达当事人，应当要求当事人在“受送达人”栏签收，注明签收日期，并告知当事人在7日内到指定地点接受处理。

（6）当事人拒绝签收的，由现场2名以上执法人员在通知书上注明情况并签字，并告知当事人领取《道路运输违法行为通知书》的地址。

（7）《道路运输违法行为通知书》没有现场送达当事人的，应当按照法律有关送达的规定进行送达。

三、案件卷宗的整理和移交程序

（1）在立案和调查取证完毕后，执法人员应当对现场执法文书、证据等材料进行整理。对暂扣或者登记保存的车辆、证照、物品等要按规定妥善保管。

（2）现场执法人员应当将整理好的案件卷宗完整移交给负责卷宗管理的执法人员。

（3）负责卷宗管理的执法人员接收、处理卷宗时，应当核实执法文书、证据等材料。

（4）对于制作不规范的《道路运输违法行为通知书》，尚未送达的，负责卷宗管理的执法人员应当要求现场执法人员进行更正后送达；已经送达的，在当事人前来接受处理时予以更正并由当事人签名或者盖章。

（5）已经送达的《道路运输违法行为通知书》适用法律错误、对案件处理结果有实质性影响的，应当重新制作通知书并送达当事人，原通知书收回作废，调查处理时间重新计算。

四、听证程序

道路运输管理机构在做出责令停产停业、吊销证照、较大数额罚款的行政处罚决定之前，当事人要求听证的，案件调查人员应当记录在案，道路运输管理机构必须依法组织听证。

案例链接

未经许可从事客运经营行政处罚申请听证案

一、案件介绍

2008年7月13日上午，某县交通运政管理所执法人员在实施路检路查时，查获一辆载有6名乘客的私家车。经调查，驾驶人殷某用未取得道路运输证的私家车运送乘客王某、杨某等6人到该县城，口头协议谈好车费每人10元，到城区后再付。执法人员经过现场调查取证，制作询问笔录，认定该车有未取得道路运输经营许可，擅自从事道路运输经营的情形。根据《中华人民共和国道路运输条例》第六十三条规定，暂扣了车辆，开具了《车辆暂扣凭证》和《交通违法行为通知书》，告知了拟给予的行政处罚及当事人陈述、申辩和要求听证的权利。

当事人于事后两次到运政所进行了陈述申辩，执法人员依据相关法律法规进行了记录，向当事人解释说明了有关法律法规。

殷某于2008年7月16日直接向县交通运政管理所提出了听证申请。

二、案件申请听证过程

殷某的主要理由：殷某与乘车的6名乘客是同村人，当天是顺路搭载他们外出，没有向他们收取车费。殷某认为自己没有违法经营行为，不应受到处罚，遂向县交通运政管理所提出了听证申请。

当事人在申请听证后到县交通运政管理所提供了如下证明：带着部分乘车人进行了口头证实没付钱；出示全部乘车人没付钱的笔录；出示村委会开出自己很少载人的证明。

县交通运政管理所接到申请后，做好了有关听证准备。于2008年7月17日派其他执法人员向殷某居住地派出所申请援助。在派出所指导员的陪同下，调查人员到乘车人的家里逐户重新进行了取证。部分乘客也向民警和运政执法人员反映：事发后第二天，殷氏兄弟确实找到他们，要求他们翻供，其哥还用如果敢为运政所证明就要报复的语言威胁过部分乘客，运政执法人员补正了询问笔录。2008年7月18日，县交通运政管理所通知当事人殷某听证的有关事项。

2008年7月19日，殷某到县交通运政管理所陈述说出了事情真相：一是自己由于不懂法，不知道私家车载客收钱是违法的；二是利用自家在村里的势力威胁乘车人修改当天所说的话，推翻运管执法人员认为其非法营运的证据。几天来经过执法人员教育、开导，已意识到自己的行为确实触犯了相关的法律法规。并向县交通运政管理所递交了不要求听证的申请和保证以后不再从事非法营运的保证书，并向执法人员道歉。

经查，殷某所说所做属实。2008年7月24日，县交通运政管理所向殷某作出了《交通行政处罚决定书》，根据《中华人民共和国道路运输条例》第六十三条的规定和《中华人民共和国行政处罚法》第二十七条第一款第（一）项、第（四）项的规定，对当事人殷某作出了罚款5000元的行政处罚，当事人于当天到违章办缴纳了罚款，此案终结。

三、案件分析

（1）本案中运政执法人员在行政处罚过程中，充分保证了行政相对人要求听证的权利。

（2）接到听证申请后积极回应，并做好应对准备。在道路运输行政处罚听证过程中，经常会碰到案件的主要证人在听证过程中被威胁出来翻供，否认其在现场询问笔录中所做的证言。这就要求执法人员在听证前一定要做好准备工作，针对案件可能被攻击的问题重新采集证据。

（3）本案件的处理过程也体现了行政处罚中教育为主、罚款为辅的处罚原则。虽然当事人殷某威胁证人做出假证词，但运管处执法人员经过调查发现，当事人是由于不懂得相关法律法规知识，在他人教唆下做出的错误行为，遂对其进行法律知识教育，帮助其意识到自己行为的严重性并积极改正。运政执法人员鉴于当事人的改过态度，在处罚过程中适用相关法律法规，对其做出减轻处罚决定，对此殷某感到心服口服。

（4）对于证人证言部分，一定要将询问笔录做全。将证人家庭住址、联系方式、身份等详细记录，以便有人受外力所迫翻供时，能进一步追查。

（5）执法人员应将现场取证的过程摄像保存，以视听资料的方式保存下现场询问笔录，保证系列证据的真实性，这样在后续的听证、复议或者诉讼程序中，都可以确保现场证据的效力，减少进一步取证的麻烦。

申请听证是行政相对人的合法权益，行政机关应保障申请人的合法权益，关于听证申请应当注意以下事项。

（1）符合听证条件的行政处罚案件，当事人应当在《道路运输违法行为通知书》送达之日起3日内到道路运输管理机构提出听证申请，并填写听证会申请书。

（2）通知书送达当事人之日起3日内，当事人没有要求听证的，就同一案件不再具有申请听证的权利。

（3）通知书送达当事人之日起3日内，道路运输管理机构不得做出行政处罚决定。

（4）当事人申请听证的截止之日为法定节假日的，应当顺延至法定节假日结束后的第一个工作日。

五、行政处罚决定程序

案件调查完毕后，道路运输管理机构或受委托的负责人应当及时审查有关案件调查材料、当事人陈述和申辩材料、听证会笔录和听证会报告书，根据案件的不同情况分别做出如下处理决定。

（1）违法事实清楚，证据确凿充分，且不需要经过听证程序或者在规定期限内当事人没有要求听证的案件，根据情节轻重，做出行政处罚决定。

（2）符合申请听证的条件，且在规定期限内当事人提出听证申请的案件，应当在适用听证程序后做出处理决定。

（3）案件还需要作进一步调查取证的，责令案件调查人员补充调查。

（4）违法行为轻微，依法可以不予行政处罚的，不予行政处罚。

（5）违法事实不清、证据不足的，不得给予行政处罚。

（6）案情复杂或者有重大违法行为需要给予较重行政处罚的，应当集体讨论决定。

（7）违法行为已构成犯罪的，应当将案件有关材料和证据移送有管辖权的司法机关处理。

行政处罚决定生效后，任何人不得擅自变更或解除。处罚决定确有错误需要变更或修改的，应当由原道路运输管理机构或其上级机关依法撤销原处罚决定，重新做出处罚决定。

符合听证条件的案件，行政处罚通知书送达当事人之日起3日内，不得做出行政处罚决定；当事人要求在3日内做出行政处罚决定的，应当书面声明放弃听证权利。

道路运输管理机构做出行政处罚决定必须制作《道路运输行政处罚决定书》。当事人自收到行政处罚通知书7日内未接受处理的，道路运输管理机构应当根据现有证据材料做出行政处罚决定。

六、行政处罚决定送达和执行程序

（一）行政处罚决定送达

行政处罚决定送达是行政相对人获知处罚的重要途径，也是行政处罚决定生效的前提，道路运输管理机构和执法人员在做出行政处罚决定之后，应正确送达行政相对人。

案例链接

送达程序是否有效？

一、案件介绍

2009年8月19日，张某在某体育场从事机动车驾培活动时，受到某市道路运输管理处执法人员检查。执法人员现场分别询问学员吴某和李某，制作了《询问笔录》和《现场笔录》。吴某和李某证实张某为个体教练员，两人支付了2000元作为培训费，张某也承认此事。该处调查取证后，执法人员向张某送达了《交通行政处罚通知书》，张某未陈述、申辩和申请听证；后又向张某送达了《交通行政处罚决定书》，张某拒绝在《交通行政处罚文书送达回证》上签字，执法人员遂将《交通行政处罚决定书》留在张某住所，在张某未签收的情况下返回。

二、案件分析

（一）送达的重要意义

行政决定的送达是行政机构的法定职责，是保障行政相对人知情权的有效途径，也是行政相对人履行行政责任的基础。行政机构不履行行政决定送达这一职责将会影响到行政决定的生效；行政决定送达对行政相对人来说，是一种获知行政行为内容的法定权利，行政机构在没有依法送达的情况下，行政相对人有权启动相应的法律程序进行救济。

（二）本案中的《交通行政处罚决定书》是否有效送达？

《交通行政处罚程序规定》第二十四条对有效交通行政处罚决定送达的条件作出了明确规定：一是在7日内送达行政相对人；二是由受送达人在《交通行政处罚文书送达回证》上注明收到日期、签名或者盖章；三是受送达人在《交通行政处罚文书送达回证》上的签收日期为送达日期。从该规定得出，有效送达应当包括行政相对人签名、签署日期两个要素。

本案中执法人员在张某拒绝签字的情况下，仅将《交通行政处罚决定书》留在张某的住所，未完成行政相对人签名和签署日期两个有效送达的要素，因此该直接送达行为无效。

《交通行政处罚程序规定》第二十四条还规定，在直接送达难以实施的情况下，应当逐一采用留置送达、委托送达、邮寄送达、公告送达等方式。

（三）如何有效送达

“送达难”是执法中经常会碰到的棘手问题。在直接送达难以送达的情况下，可以按照《行政处罚法》和《交通行政处罚程序规定》的规定，逐一选择留置送达、委托送达、邮寄送达、公告送达。

《道路运输行政处罚决定书》应当在宣告后当场送达当事人，当事人应当在处罚决定书的送达栏注明收到日期、签名或者盖章。处罚决定书没有当场送达当事人的，应当按照法律规定的以下送达方式及时送达。

（1）处罚决定书作出后7日内应当送达当事人，当事人不在场的，交其同住的成年家属签收，由受送达人在送达回证上注明收到日期、签名或者盖章，并且在备注栏内写明与当事人的关系，受送达人在送达回证上的签收日期为送达日期。

（2）当事人已指定代收人，交代收人签收。

（3）当事人拒绝接受送达的，送达人应当邀请有关基层组织的代表或者其他人员到场，说明情况，在送达回证上写明拒收事由和日期，由送达人、见证人签名或者盖章，把处罚决定书留在当事人的住处，即视为送达。

（4）处罚决定书直接送达有困难的，可以委托其他交通管理部门代为送达，或者以邮寄方式送达。邮寄送达，挂号回执上注明的收件日期为送达日期。

（5）采取上述方式无法送达的，公告送达。公告送达，可以在全国性报纸或者办案机关所在地的省一级报纸上予以公告，也可以在道路运输管理机构公告栏张贴公告，并可以在道路运输管理机构网站上公告。自公告发布之日起经过60日，即视为送达。公告送达，应当在案卷中记明原因和经过，留存相关证据。

（二）罚款决定执行

除法定的特殊情形之外，做出行政处罚决定的道路运输管理机构及其执法人员不得自行收缴罚款；当事人应当自收到行政处罚决定书之日起15日内，到指定的银行缴纳罚款。

（三）行政处罚案件结案

适用一般程序的行政处罚案件结案后，应当制作行政处罚案件结案报告。简易程序的行政处罚案件应在5个工作日内报行政执法机关备案。

第五节　道路运输行政执法文书规范

行政执法文书体现的是国家行政权力的权威性和不可抗拒性，体现的是法律规范的强制性，体现的是行政执法程序的严谨性，关乎着行政执法活动的质量与效能。行政措施的实施要求通过一定的规范化形式加以表达、传递，行政执法文书就是实现这些功能的载体。行政执法文书不但是行政执法的凭证，是以后查阅的参考，也是实现行政执法条理化、清晰化的重要手段。因此，规范执法文书的制作对整个行政执法非常重要。

案例链接

做好询问笔录　让证据更加有效

一、案件介绍

2008年1月19日下午，某旅游客运有限公司驾驶员李某某驾驶一辆大型旅游客车从A市载了47名乘客到B市某县。该县交通运政管理所执法人员在道路运输执法检查时发现了该车有违法的嫌疑，于是对该车进行了检查，经过现场录像，对驾驶员及乘客制作了询问笔录。

执法人员在对驾驶员李某某制作询问笔录时，发现其非常戒备，不配合执法人员调查取证，该案件执法人员及时改变策略，通过聊天的方式，缓和其戒备心理，从闲聊中逐步切入正题，挖出证据，初步完成笔录制作。

制作现场笔录中，执法人员先和驾驶员谈到车辆基本情况，然后询问是从什么地方载的客，载到什么地方，驾驶员回答是其他车辆从A市载客22人到B市后转到他车上的，这22人是到该县的，另外25人是公司配的。然而据执法人员对乘客大量的取证结果证实所有乘客没有一人是从A市乘车到B市再转乘该车来此县的，均是从A市乘坐该车直接来此县的。经过进一步询问，驾驶员最终承认了该车经营范围仅是县际包车经营。

经过以上调查取证，执法人员认定该车确有违章经营的行为，以该车超越许可范围、超越经营区域为由向李某某开具了道路运输车辆暂扣凭证，暂扣该车后执法人员做了进一步补充调查，充分认定该车有超越许可事项、超越道路旅客运输经营区域的违章行为存在。

二、案件分析

（1）执法人员在制作执法文书时在保证程序合法的基础上，还要讲究方法。制作询问笔录的目的是快速有效地取证。本案中执法人员在调查违法行为时，对驾驶员和乘客分开制作询问笔录，避免了驾驶员与乘客有串供、对抗等行为，保证了证据的真实有效性。

（2）规范制作询问笔录，形式可以灵活。执法人员在制作询问笔录时，认真仔细，言简意赅，紧扣主题，对时间、地点、当事人、经过等重点内容详细记录，对与案情无关的内容不要记录，有效保证问询的内容与要调查取证的事实紧密相连。在具体问话上，执法人员改变了程式化、严肃性的询问方式，在聊天的过程中循序渐进，最终取得了相关的证据，确定了该车违法经营的事实。

（3）对证据进行双重保护，提高证据的采信度。执法人员对整个取证过程还进行了录像，并制作了5份乘客询问笔录，为案件的调查及时准确提供了有力的材料，证明所查车辆有违规经营的事实存在。

一、道路运输行政执法文书类型

道路运输行政执法涉及的文书主要包括：询问笔录、勘验(检查)笔录、证据登记保存清单、道路运输违法行为调查报告、《道路运输违法行为通知书》、听证会通知书、行政处罚听证笔录、听证会报告书、道路运输行政案件处罚决定书、道路运输行政案件结案报告、道路运输行政处罚文书送达回证、行政强制措施审批表、行政强制措施决定书、延长扣押期限审批表、延长扣押期限通知书、检验、检测或技术鉴定期间通知书、解除行政强制措施决定书、取回被扣押财物收据、行政强制执行催告书、行政强制执行申请书等。

二、道路运输行政执法文书基本规范

道路运输行政执法文书基本规范主要包括：

（1）道路运输行政执法文书的内容应当符合有关法律、法规和规章的规定，做到格式统一、内容完整、表述清楚、用语规范。

（2）道路运输行政执法文书分为内部文书和外部文书两类。

①内部文书是指在道路运输管理机构内部使用，记录内部工作流程，规范执法工作运转程序的文书。

②外部文书是指道路运输管理机构对外使用，对道路运输管理机构和行政相对人均具有法律效力的文书。

（3）道路运输行政执法文书应当按照统一格式印制，规范制作；有条件的，可以按照规定的格式打印制作。文书规定编写案号的，应当根据文书的编号规则编注。

（4）文书设定的栏目，应当逐项填写，不得遗漏和随意修改；无需填写的，应当用斜线划去。

（5）文书中道路运输管理机构的审核或审批意见应表述明确、没有歧义。

（6）文书中除编号和价格、数量等必须使用阿拉伯数字之外，应当使用汉字。文书应当打印或使用蓝黑色或黑色笔填写，做到字迹清楚、书面整洁。

（7）文书应当使用公文语体，语言规范、简练、严谨、平实。应当正确使用标点符号，避免产生歧义。

（8）文书中“案件名称”应当填写为“当事人姓名(名称)+案由(违法行为性质)+案”，例如：×××未取得道路客运经营许可擅自从事道路客运经营案；在立案和调查取证阶段文书中“案件名称”应当填写为：“当事人姓名(名称)涉嫌+案由(违法行为性质)+案”，例如：×××涉嫌未取得道路客运经营许可擅自从事道路客运经营案。

“案由”由省级道路运输管理机构作统一规定。

（9）文书中当事人情况应当按如下要求填写。

①根据案件情况确定当事人为“个人”或者“单位”，“个人”、“单位”两栏不能同时填写。

②当事人为个人的，姓名应填写身份证或户口簿上的姓名；住址应填写住所地或经常居住地地址；年龄应以公历周岁为准。

③当事人为法人或者其他组织的，填写的单位名称、法定代表人（负责人）、地址等事项应与工商登记注册信息一致。

④当事人名称应前后一致。

（10）文书首页不够记录时，可以附纸记录，但应当注明页码，由相关人员签名并注明日期。

（11）需要交付当事人的文书中设有签收栏的，由当事人直接签收，也可以由其成年直系亲属代为签收；文书中没有设签收栏的，应当使用送达回证。

（12）文书中注明加盖道路运输管理机构印章的地方必须加盖印章，加盖印章应当清晰、端正，要“骑年盖月”。

?? 课后思考题

案例1:

驾驶员谢某驾驶货车经过某检查站时，被交通执法人员王某以涉嫌车辆改装为由拦截，执法人员王某及该运输管理所根据交通运输部《道路货物运输及站场管理规定》的规定，决定暂扣谢某的车辆及其营运证。随后不由分说直接把车开到停车场，拔掉车钥匙就走人了。后在有关部门督促、调查下，该运输管理所向谢某送达了扣押决定书。

1. 执法人员王某及该运输管理所的行为是否违反了行政程序？如果是，违反了哪些程序？

答：是。执法人员王某及该运输管理所并未告知谢某任何实施暂扣的理由、依据，未给予其陈述和申辩的机会，也未向谢某送达扣押决定书。

2. 执法人员王某及该运输管理所暂扣车辆的依据是否正确，为什么？

答：不正确。执法人员王某及该运输管理所依据《道路货物运输及站场管理规定》的规定暂扣谢某的车辆是不合法的，《道路货物运输及站场管理规定》作为部门规章是不能设定行政强制的，因此，执法人员及该运输管理所也就不能据此做出暂扣行政相对人车辆的决定。

3. 本案中驾驶员谢某应如何保护自己的合法权益？

答：谢某可以申请行政复议，可以提起行政诉讼；对于因不合法的行政行为而遭受损失的，还可以要求行政赔偿。

4. 扣押决定书应当包括哪些内容？

答：扣押决定书应当载明下列事项：

（1）当事人的姓名或者名称、地址；

（2）扣押的理由、依据和期限；

（3）扣押场所、设施或者财物的名称、数量等；

（4）申请行政复议或者提起行政诉讼的途径和期限；

（5）行政机关的名称、印章和日期。

案例2:

某县交通局稽查科接到群众举报，称该县图书城有一名店主李某利用私家车辆非法运送货物，该科副科长郑某立即独自前往图书城进行调查了解。在图书城80号正遇到店主李某将包装好的书籍约300本装在私家车辆的后排座位上，郑某上前表明自己的身份，并要求打开车辆后备箱查看，发现车辆后备箱里有约600本包装好的书籍。郑某立即以李某违反《中华人民共和国道路运输条例》为由，提出对李某处以5000元的罚款。李某表示自己并不是运送货物，是因为这部分图书存在质量问题，无法销售，自己的店铺面积有限，准备运回自己的住处存放。李某对郑某在不对事实进行充分调查的情况下，就立即进行行政处罚的行为表示不满，还表示要对郑某的执法行为进行投诉。郑某以李某接受行政处罚态度恶劣、情节严重为理由，表示应该加重处罚，随即开出对李某处以30000元罚款并暂扣车辆的行政处罚通知书，要求李某交出车辆钥匙。李某不服郑某的行政处罚内容，双方发生争执互相推搡。郑某将李某推倒在地后，强行将李某的车辆开回县交通局。

1. 郑某在行政执法过程中存在那些问题？

答：郑某违反了以下规定：

（1）郑某独自前往图书城进行执法调查，违反了《中华人民共和国道路运输条例》第五十九条“道路运输管理机构的工作人员实施监督检查时，应当有2名以上人员参加，并向当事人出示执法证件”的规定。

（2）郑某在未对事实调查清楚的情况下，就当场向李某做出罚款5000元的处罚决定，违反了《中华人民共和国行政处罚法》第三十三条中“违法事实确凿并有法定依据，对公民处以五十元以下、对法人或者其他组织处以一千元以下罚款或者警告的行政处罚的，可以当场作出行政处罚决定”的规定。

（3）郑某在做出行政处罚决定时既没有向李某出示执法身份证件，也没有说明违法行为和处罚的依据，违反了《中华人民共和国行政处罚法》第三十四条“执法人员当场作出行政处罚决定的，应当向当事人出示执法身份证件，填写预定格式、编有号码的行政处罚决定书。行政处罚决定书应当当场交付当事人。前款规定的行政处罚决定书应当载明当事人的违法行为、行政处罚依据、罚款数额、时间、地点以及行政机关名称，并由执法人员签名或者盖章。执法人员当场作出的行政处罚决定，必须报所属行政机关备案”的规定。

（4）郑某在没有充分调查取证的基础上，就对李某做出处罚决定，违反了《中华人民共和国行政处罚法》第三十六条“除本法第三十三条规定的可以当场作出的行政处罚外，行政机关发现公民、法人或者其他组织有依法应当给予行政处罚的行为的，必须全面、客观、公正地调查，收集有关证据；必要时，依照法律、法规的规定，可以进行检查”的规定。

（5）郑某未允许李某进行陈述和申辩，并因李某进行申辩而加重处罚，违反了《中华人民共和国行政处罚法》第三十二条“当事人有权进行陈述和申辩。行政机关必须充分听取当事人的意见，对当事人提出的事实、理由和证据，应当进行复核；当事人提出的事实、理由或者证据成立的，行政机关应当采纳。行政机关不得因当事人申辩而加重处罚”的规定。

2. 郑某提出的加重行政处罚是否属于行政处罚的自由裁量权范围？

答：郑某提出的加重行政处罚不属于行政处罚的自由裁量权范围。自由裁量权是在法律的范围和幅度内，依照法定的程序和职权进行的，不是随心所欲行使的。

案例3：

2014年3月10日上午，A市运输管理处的执法人员在路面稽查时发现，王某驾驶道路运输证号码为×××××的小型货车，前往B地运货，车上载有60箱雪碧。执法人员俞某、陈某将其拦下，并告知其身份、出示执法证件。经现场检查，王某当场无法出示道路货物运输驾驶员从业资格证件。俞某、陈某当场作出了扣押其运输车辆的强制措施，当事人王某强烈反抗，阻止执法人员扣留其车辆，致使一名执法人员受轻微伤。3月11日该运输管理处依据《道路运输从业人员管理规定》第四十八条第一款之规定，作出了给予王某罚款人民币2000元的行政处罚。

1. 该运输管理处作出扣押车辆的强制措施时，应遵守哪些法定程序？

答：（1）查封、扣押的财物必须是涉案的财物。《行政强制法》第二十三条规定：

查封、扣押限于涉案的场所、设施或者财物，不得查封、扣押与违法行为无关的场所、设施或者财物；不得查封、扣押公民个人及其所扶养家属的生活必需品。

（2）制作并当场交付查封、扣押的决定书和清单。

2. 在未办理法定手续的情况下，执法人员可否对王某实施限制人身自由的行政强制措施？

答：《中华人民共和国行政强制法》第二十条第二款第二项规定：在紧急情况下当场实施行政强制措施的，在返回行政机关后，立即向行政机关负责人报告并补办批准手续。因此，本案中执法人员在当时的紧急情况下可以对王某实施限制人身自由的强制措施，但限制人身自由不得超过法定期限，而且限制人身自由的目的已经达到或者条件已经消失时，应当立即解除。执法人员返回行政机关后，必须立即向行政机关负责人报告并补办批准手续。

3. 王某在法定期限内不申请行政复议或者提起行政诉讼，也不履行行政处罚决定的，行政机关应该怎么办？

答：依据《行政强制法》第四十五、四十六条相关规定，运管处可以依法加处罚款或者滞纳金，如果加处罚款或者滞纳金超过30日，经催告王某仍不履行的，运管处应申请人民法院强制执行。

案例4：

请指出以下行政强制措施决定书中存在的问题。

扣押物品决定书

王某：

你因涉嫌非法营运，根据《道路旅客运输及客运站管理规定》（交通运输部令2012年第8号）的有关规定，对你从事非法营运所使用的车辆予以暂扣。

如不服本决定，可依法申请行政复议或者行政诉讼。

A区道路运输管理机构（公章）

××××年××月××日

答：存在的主要问题有：

（1）未记载当事人王某的地址；

（2）未记载扣押的期限；

（3）未记载申请行政复议或提起行政诉讼的途径和期限；

（4）未记载扣押的车辆数量及号牌；

（5）《道路旅客运输及客运站管理规定》属于部门规章，不能设定行政强制措施，因此不能作为实施行政强制措施的依据。

第七章　道路旅客运输及客运站经营管理

道路旅客运输是专门运送人员的运输形式，是与社会接触最广的服务平台，是所有道路运输服务中责任最大、要求最高的服务类别，因此是各级道路运输管理机构管理的重点。实现道路旅客运输行业的安全稳定和道路旅客运输市场的繁荣有序，离不开行政管理方面的保障。道路运输行政执法人员在从事道路旅客运输管理工作时不仅需要担当更多的责任，还要面对复杂的执法环境，所做的每一项执法行为和决定都会产生较大的社会影响。在道路旅客运输管理中规范执法、高效行政对服务人民群众出行、社会经济发展具有重大意义。

第一节　道路旅客运输经营许可

道路旅客运输经营行政许可就是通过审查的方式，准许符合条件的申请人从事道路旅客运输经营的行政行为，也称为道路旅客运输市场准入，它是道路运输管理机构从事道路运输管理的重要内容和手段。行政许可具有事先控制的作用，通过行政审批可以防止不具有资格的经营者和车辆进入道路旅客运输市场，对预防运输事故，保护人民生命财产安全具有重大作用。道路运输管理机构和行政人员在进行道路旅客运输经营行政许可时，既要认真审查，严把市场准入关，又要坚持公平、公开、公正的原则，保障申请人的合法权利。

案例链接

不服运管所不予交通行政许可行政诉讼案

一、案件介绍

2008年12月24日，周某向县运管所提出了自购19座普通客车经营A县甲镇至乙镇班线客运的申请，并同时提供沿线村场（村民）意见书及驾驶员资质证等相应申请材料。县运管所受理后审查了周某提交的材料，听取了利害关系人的意见，于2009年1月3日以线路重复及线路原经营业主反映强烈、矛盾突出为由，作出了003号不予交通行政许可的决定。

周某认为他的申请合法合理，而县运管所不予交通行政许可的行为主要证据不足且未适用法律、法规，遂将运管所告上法院，请求法院判决撤销运管所于2009年1月3日作出的003号不予交通行政许可决定书，许可其经营A县甲镇至乙镇班线客运，并给其发放《道路运输经营许可证》、《道路运输证》和客运标志牌。

二、诉讼经过

周某在法庭上出示了以下证据：（1）003号不予交通行政许可决定书，证实被告所作出的具体行政行为是不予行政许可；（2）甲镇广大居民申请增加甲镇至乙镇班车的报告；（3）乙镇群众的要求；（4）甲镇至乙镇车辆的照片3张；（5）县运管所2009年2月23日向周某超时限邮寄送达不予行政许可决定书的信封；（6）《交通行政许可实施程序规定》。

县运管所称，在受理周某的申请后，依法对其申请的内容进行了审查，对申请事项向外发出了公告，后基于目前全县运输能力过剩、车辆饱和、周某的站场、人员条件、资质要求均不具备的情况考虑，并经单位有关人员开会集体研究、领导签字作出不予许可的决定。综上，县运管所作出的不予交通行政许可决定符合法定程序和法律规定。请求法院依法判决驳回周某的诉讼请求。

县运管所提供了下列据以作出具体行政行为的证据材料和规范性文件：（1）道路旅客运输班线经营申请表；（2）交通行政许可法律文书送达回证；（3）新增县内客运运力公示；（4）新增县内客运班线公示情况表；（5）会议记录；（6）003号不予交通行政许可决定书；（7）不予交通行政许可法律文书送达回证；（8）强烈请求制止新增班线车辆的报告；（9）A县道路客运班线、车辆管理台帐；证据（1）-（9）证明县运管所作出的具体行政行为程序合法；（10）参考文件：《中华人民共和国道路运输条例》、《道路旅客运输及客运站管理规定》等。

三、诉讼结果

法院最终判决如下：

（1）撤销县运管所于2009年1月3日对周某作出的003号不予交通行政许可的决定；

（2）县运管所于本判决生效后对周某的申请重新作出是否交通行政许可的决定；

（3）驳回原告的其他诉讼请求。

四、案件分析

（1）《交通行政许可实施程序规定》第三条第二项规定：海事管理机构、航标管理机关、县级以上道路运输管理机构在法律、法规授权范围内实施交通行政许可。《中华人民共和国道路运输条例》第十条第一款第一项规定：从事县级行政区域内客运经营的，向县级道路运输管理机构提出申请。本案县运管所依法主管A县交通行政许可实施工作，行政主体合法。

（2）《交通行政许可实施程序规定》第五条第一款第十五项规定：实施交通行政许可，实施机关应当按照《行政许可法》的有关规定，将依法需要公示的其他事项予以公示。县运管所将拟新增县内客运运力予以公示符合法律规定，但该公示未注明公示日期存在瑕疵，且县运管所不能证明其已在何处张贴该公示，这些行为均不符合程序法的规定要求。

（3）县运管所关于其于2009年1月3日依据2008年12月15日本单位班子成员集体会议研究的意见，并由领导签字决定作出的003号不予交通行政许可决定的辩解意见，因周某向县运管所提出本次交通行政许可申请是2008年12月24日，县运管所在周某提出申请之前不可能了解周某申请的内容，县运管所依据周某申请之前的会议决定作出不予交通行政许可决定，显然不符合程序法的规定。

（4）《中华人民共和国行政许可法》第三十八条第二款规定：行政机关依法作出不予行政许可的书面决定的，应当说明理由，并告知申请人享有依法申请行政复议或者提起行政诉讼的权利。该理由部分应当说明该决定认定的事实和证据，所依据的法律、法规及规章的具体条款。本案中，县运管所作出的003号不予交通行政许可决定书的说理部分，仅说明原告的申请不符合交通运输部《道路旅客运输及客运站管理规定》的规定，而未具体到条款，与法律规定不符，存在严重瑕疵。

（5）综上，法院判决运管所于2009年1月3日在对本案原告作出的003号不予交通行政许可决定过程中存在着多处程序违法，依法应予撤销。不予交通行政许可决定被撤销后，因周某的申请仍然存在，如县运管所不对周某的申请重新作出是否许可的决定，将会对周某的合法权益造成损害，故县运管所对周某的申请仍需依法作出是否许可的决定。

（6）至于周某要求法院判决许可其经营甲镇至乙镇班线客运并给其发放《道路运输经营许可证》、《道路运输证》等的诉讼请求，因该请求需以被告重新作出的具体行政行为为前提，现在尚处于不确定状态中，故法院对周某的此诉讼请求不予支持。

一、申请从事道路客运经营应当具备的条件

（一）有与其经营业务相适应并经检测合格的客车

1. 客车技术要求

（1）技术性能符合国家标准《营运车辆综合性能要求和检验方法》（GB 18565）的要求；

（2）外廓尺寸、轴荷及质量符合国家标准《道路车辆外廓尺寸、轴荷及质量限值》（GB 1589）的要求；

（3）从事高速公路客运或者营运线路长度在800公里以上的客运车辆，其技术等级应当达到行业标准《营运车辆技术等级划分和评定要求》（JT/T 198）规定的一级技术等级；营运线路长度在400公里以上的客运车辆，其技术等级应当达到二级以上；其他客运车辆的技术等级应当达到三级以上。

2. 客车类型等级要求

从事高速公路客运、旅游客运和营运线路长度在800公里以上的客运车辆，其车辆类型等级应当达到行业标准《营运客车类型划分及等级评定》（JT/T 325）规定的中级以上。

3. 客车数量要求

（1）经营一类客运班线的班车客运经营者应当自有营运客车100辆以上、客位3000个以上，其中高级客车在30辆以上、客位900个以上；或者自有高级营运客车40辆以上、客位1200个以上。

（2）经营二类客运班线的班车客运经营者应当自有营运客车50辆以上、客位1500个以上，其中中高级客车在15辆以上、客位450个以上；或者自有高级营运客车20辆以上、客位

600个以上。

（3）经营三类客运班线的班车客运经营者应当自有营运客车10辆以上、客位200个以上。

（4）经营四类客运班线的班车客运经营者应当自有营运客车1辆以上。

（5）经营省际包车客运的经营者，应当自有中高级营运客车20辆以上、客位600个以上。

（6）经营省内包车客运的经营者，应当自有营运客车5辆以上、客位100个以上。

（二）有符合要求的驾驶人员

（1）取得相应的机动车驾驶证；

（2）年龄不超过60周岁；

（3）3年内无重大以上交通责任事故记录和交通违法记满12分记录；

（4）经设区的市级道路运输管理机构对有关客运法规、机动车维修和旅客急救基本知识考试合格而取得相应从业资格证。

（三）有健全的安全生产管理制度

包括安全生产操作规程、安全生产责任制、安全生产监督检查、驾驶人员和车辆安全生产管理的制度。

（四）有明确的线路和站点方案

申请从事道路客运班线经营，还应当有明确的线路和站点方案。

二、申请从事道路客运经营应当提供的材料

（一）申请开业的相关材料

（1）《道路旅客运输经营申请表》；

（2）企业章程文本；

（3）投资人、负责人身份证明及其复印件，经办人的身份证明及其复印件和委托书；

（4）安全生产管理制度文本；

（5）拟投入车辆承诺书，包括客车数量、类型及等级、技术等级、座位数，以及客车外廓长、宽、高等，如果拟投入客车属于已购置或者现有的，应当提供行驶证、车辆技术等级证书（车辆技术检测合格证）、客车等级评定证明及其复印件；

（6）已聘用或者拟聘用驾驶人员的驾驶证和从业资格证及其复印件，公安部门出具的3年内无重大以上交通责任事故的证明。

（二）同时申请道路客运班线经营还应当提供的材料

（1）《道路旅客运输班线经营申请表》；

（2）可行性报告，包括申请客运班线客流状况调查、运营方案、效益分析以及可能

对其他相关经营者产生的影响等；

（3）进站方案，已与起讫点客运站和停靠站签订进站意向书的，应当提供进站意向书；

（4）运输服务质量承诺书。

三、道路客运经营行政许可程序

道路运输管理机构在审查客运申请时，应当考虑客运市场的供求状况、普遍服务和方便群众等因素。

道路运输管理机构应当按照《中华人民共和国道路运输条例》和《交通行政许可实施程序规定》，以及《道路旅客运输及客运站管理规定》规范的程序实施道路客运经营、道路客运班线经营和客运站经营的行政许可。

道路运输管理机构对符合法定条件的道路客运经营申请作出准予行政许可决定的，应当出具《道路客运经营行政许可决定书》，明确许可事项，许可事项为经营范围、车辆数量及要求、客运班线类型；并在10日内向被许可人发放《道路运输经营许可证》，并告知被许可人所在地道路运输管理机构。

道路运输管理机构对道路客运经营申请、道路客运班线经营申请予以受理的，应当自受理之日起20日内作出许可或者不予许可的决定；道路运输管理机构对客运站经营申请予以受理的，应当自受理之日起15日内作出许可或者不予许可的决定。

道路运输管理机构对符合法定条件的道路客运班线经营申请作出准予行政许可决定的，应当出具《道路客运班线经营行政许可决定书》，明确许可事项，许可事项为经营主体、班车类别、起讫地及起讫站点、途经路线及停靠站点、日发班次、车辆数量及要求、经营期限；并在10日内向被许可人发放《道路客运班线经营许可证明》，告知班线起讫地道路运输管理机构；属于跨省客运班线的，应当将《道路客运班线经营行政许可决定书》抄告途经上下旅客的和终到的省级道路运输管理机构。

道路运输管理机构对不符合法定条件的申请作出不予行政许可决定的，应当向申请人出具《不予交通行政许可决定书》。

在道路客运班线经营许可过程中，任何单位和个人不得以对等投放运力等不正当理由拒绝、阻挠实施客运班线经营许可。

第二节　道路旅客运输经营管理

道路旅客运输有班车客运、包车客运、旅游客运等多种形式，机动灵活，覆盖的范围非常广，只要有道路的地方就可以开展道路旅客运输。可以说，道路旅客运输在服务人民群众出行方面发挥着重要作用，与人民工作生活和国家经济发展联系非常密切。面对如此庞大复杂的道路运输市场，道路运输管理机构和人员要做好协调管理工作，规范各经营主体的经营活动，满足群众出行的服务要求，保证道路旅客运输市场的健康有序发展。

一、班车客运运营管理

班车客运是指客运车辆在城乡道路上按照固定的线路、时间、站点和班次运行的一种客运形式。班车客运的这种固定性是根据社会出行需求决定的，是客运服务活动有序进行的基础，因此道路运输管理机构和人员要严格按照规定，对班车客运进行管理。

案例链接

不按规定线路行驶行政处罚案

一、案件介绍

2010年1月11日，某县交通运政管理所的执法人员在实施检查时，发现一辆挂靠在某运输有限责任公司经营的农村客运车辆未按照道路运输管理机构核定的客运班线行驶，该车严重超出核定客运线路的范围。执法人员经过调查取证、制作询问笔录，认定该车不按规定的客运线路行驶。根据《中华人民共和国道路运输条例》第六十二条规定，暂扣了该车，开具了《车辆暂扣凭证》和《交通违法行为通知书》，并告知拟给予的行政处罚及当事人享有陈述、申辩和要求听证的权利。

在规定的期限内，当事人胡某放弃了听证的权利，次日到指定地点接受处理，县级道路运输管理所于2010年1月12日向胡某作出了《交通行政处罚决定书》，根据《中华人民共和国道路运输条例》第六十九条的规定，给予胡某1000元的行政处罚。当天胡某到指定的地点缴纳了罚款。

二、案件分析

本案中当事人已经依法办理了车辆营运证，并取得了客运线路标志牌，在运输过程中没有按照规定的线路行驶。在执法过程中如何确定擅自改变营运线路的行为？班车客运应该按照规定的线路行驶，在规定的站点停靠。改变线路的起点和终点，或者改变起点和终点之间的运行线路，都属于擅自改变营运线路。本案中，当事人所驾驶的客运车辆起点没有发生改变但终点发生了变化，超出了规定的运营范围，在规定以外的站点停靠。

当事人的行为应认定其违反了《中华人民共和国道路运输条例》第六十九条之规定：违反本条例的规定，客运经营者、货运经营者有下列情形之一的，由县级以上道路运输管理机构责令改正，处1000元以上3000元以下的罚款；情节严重的，由原许可机关吊销道路运输经营许可证：

（1）不按批准的客运站点停靠或者不按规定的线路、公布的班次行驶的；

（2）强行招揽旅客、货物的；

（3）在旅客运输途中擅自变更运输车辆或者将旅客移交他人运输的；

（4）未报告原许可机关，擅自终止客运经营的；

（5）没有采取必要措施防止货物脱落、扬撒等的。

三、相关法律链接

《中华人民共和国行政处罚法》第三条规定：公民、法人或者其他组织违反行政管理秩序的行为，应当给予行政处罚的，依照本法由法律、法规或者规章规定，并由行政机关依照本法规定的程序实施。没有法定依据或者不遵守法定程序的，行政处罚无效。

《道路旅客运输及客运站管理规定》第三条规定：本规定所称道路客运经营，是指用客车运送旅客、为社会公众提供服务、具有商业性质的道路客运活动，包括班车（加班车）客运、包车客运、旅游客运。

班车客运是指营运客车在城乡道路上按照固定的线路、时间、站点、班次运行的一种客运方式，包括直达班车客运和普通班车客运。加班车客运是班车客运的一种补充形式，在客运班车不能满足需要或者无法正常运营时，临时增加或者调配客车按客运班车的线路、站点运行的方式。

在进行班车客运管理时，道路运输管理机构和人员应注意以下事项。

（1）道路运输管理机构应当督促班线客运经营者向公众提供连续运输服务，禁止其擅自暂停、终止班线运输或者转让班线经营权。

（2）客运班线实行经营期限制。道路客运班线经营期满，道路客运经营者的线路经营权自然终止。

（3）道路运输管理机构应当监督客运班车按照许可的线路、班次、站点运行，在规定的途经站点进站上、下旅客；督促加班车、顶班车、接驳车按正班车有关要求运营。

二、包车客运运营管理

包车客运是以运送团体旅客为目的，按照约定的起始地、目的地和线路行驶。包车客运应严格按照包车合同规定的时间和线路行驶，不得按照班车模式定点定线运行，不得招揽包车合同以外的乘客。包车客运的需求具有不确定性，业务发生的随机性较强，在管理上也不同于班车客运。

案例链接

包车客运的违法事实认定

一、案件介绍

某旅游公司的一辆大客车取得省际包车资质。2010年10月9日，该车经A市道路运输管理处核准，取得A市至B市的包车客运标志牌，一个趟次有效。在运送途中该车驾驶员擅自将车从A市开至C市，被C市道路运输管理处执法人员查获。

经过执法人员调查，该旅游公司与乘客签订的是包车协议，约定的起讫地为A市至B市；乘客也证明由A市组团到B市旅游，途中并未要求至C市。调查取证结束后，B市道路运输管理处认为该车违反《道路旅客运输及客运站管理规定》第六十二条的规定，不按约定的起始地、目的地和线路运行，按照《道路旅客运输及客运站管理规定》第九十条第三项的规定，作出罚款1000元的行政处罚决定。

二、案件分析

（一）包车经营规范的规定

虽然包车客运不像班车客运那样具有固定的线路和停靠站点，但包车客运也不能随意变更经营活动范围，包车客运经营者应按道路运管机构决定的许可事项从事包车客运经营活动。

（1）包车客运应当凭车籍所在地道路运管机构核发的包车客运标志牌，按照约定的时间、起始地、目的地和线路运行，并持有包车票或者包车合同，不得按班车模式定点定线经营，不得招揽合同外的旅客。

（2）包车客运除执行道路运输管理机构下达的紧急包车任务外，其线路一端应当在车籍所在地。

（3）省际包车客运标志牌和加班车、顶班车、接驳车使用的省际临时客运标志牌在一个运次所需要的时间内有效。

（二）违法行为的认定

包车客运只能按照包车协议约定并经核定的起讫点和线路行驶。在本案中旅游大客车擅自改变运输的终点，此行为超出约定和核定的运输范围，是应该认定为违反了《道路旅客运输及客运站管理规定》第四十四条的规定，属于超越许可事项，擅自从事包车业务，按照《道路旅客运输及客运站管理规定》第八十四条第四项进行处罚；还是认定为不按约定的起始地、目的地和线路行驶，并根据《道路旅客运输及客运站管理规定》第九十条第三项作出处罚决定呢？

本案中大客车经过A市道路运输管理处核准，取得A市至B市的包车客运标志牌，在该趟次运输中仅仅擅自改变运输的讫点，不能认为是超越许可事项，而是违反了《道路旅客运输及客运站管理规定》第六十二条，未按照约定的时间、起始点、目的地和线路运行，应按照《道路旅客运输及客运站管理规定》第九十条第三项的规定进行处罚。

判断某项行为是属于超越许可事项还是属于未按照约定的时间、起始点、目的地和线路行驶，应主要分析：（1）是否取得了包车经营许可的资质；（2）是否按照核准的事项从事经营活动。如果符合这两方面的规定，就不应认定为超越许可事项从事经营行为。包车经营者取得经营资质，从事包车业务，有两步程序：

第一步，申请许可。拟从事包车业务的，先经申请取得包车经营资格，并按照其经营区域分为省际包车客运和省内包车客运；第二步，取得包车客运标志牌。

本案中旅游公司取得了包车经营许可，并在从事该趟包车业务前向A市道路运输管理处领取了包车客运标志牌，核定起讫点为A市至B市。但是在营运途中未按照与当事人约定的目的地行驶，该违法行为并不是发生在从事包车经营的准入环节，而是发生在具体营运过程中，属于营运过程中的违法经营行为。因此，应当认定为违反《道路旅客运输及客运站管理规定》第六十二条的规定，未按照约定的时间、起始点、目的地和线路运行，并根据《道路旅客运输及客运站管理规定》第九十条第三项作出处罚决定。

在此类案件的调查取证过程中，要具体分析违法行为是发生在准入环节，还是在取得了经营许可后的营运过程中。在调查取证时应做到：（1）检查车辆营运证、包车协议、包车票、包车客运标志牌；（2）对驾驶员制作《询问笔录》；（3）询问乘客，改变行驶线路是否出于乘客的意愿。

在进行包车客运管理时，道路运输管理机构和人员应注意以下事项。

（1）道路运输管理机构应当监督包车客运经营者按照约定的时间、起始地、目的地和线路运行，严禁其按班车模式定线经营、招揽包车合同外的旅客乘车，或者不按约定的起始地、目的地和线路行驶。客运包车除执行道路运输管理机构下达的紧急包车任务外，其线路一端应当在车籍所在地。

（2）道路运输管理机构应监督包车客运经营者在运营过程中随车携带《道路运输证》、包车客运标志牌、包车票或者包车合同，以备查验。

（3）单程包车回程载客时，回程客源所在地县级以上道路运输管理机构可根据实际需要，允许其回程载客。未经回程客源所在地县级以上道路运输管理机构批准，不得回程载客。

（4）道路运输管理机构应当应用运政管理信息系统，及时掌握包车客运的运行变化情况。

三、道路客运标志牌管理

客运标志牌分为班车客运标志牌、包车客运标志牌和临时客运标志牌。客运标志牌是经营者经过合法程序取得道路旅客运输经营资质的标志，客运标志牌标明了车辆所从事的客运类型和区域范围，从事道路旅客运输应合法取得客运标志牌并正确使用。

案例链接

省际包车持临时线路牌从事班车客运行政处罚案

一、案件介绍

2011年5月31日15时55分许，某市交通运输委交通行政执法人员在进行检查时，发现某汽车有限公司的一辆省际包车持临时线路牌进行班车客运。经调查，该汽车有限公司未取得相应线路班线经营许可，同时该车也未随车携带当班行车路单或该条班线的《道路客运班线经营许可证明》复印件。经制作询问笔录并现场录像后，执法人员开具了《××市交通运输行政处罚通知书》，并暂扣了道路运输证及临时线路牌。

2011年6月9日，市交通运输委对该汽车有限公司作出责令停止经营，并处3万元罚款的行政处罚。该汽车有限公司不服，于2011年7月15日向省交通运输厅申请行政复议。2011年9月23日，省交通运输厅作出维持行政处罚的复议决定。

二、案件分析

（一）对证据采信理由的说明

本案取得的证据材料有司机询问笔录一份、乘客询问笔录二份、现场笔录一份、现场执法录像一份。以上均系在执法现场按法定程序调查取得，是证明当事人超越许可事项，从事道路客运经营的证据材料。

（二）对法律依据选择理由的说明

（1）当事人使用客车运送旅客，为社会提供有偿运输服务，应当遵守《道路旅客运输及客运站管理规定》。

（2）《道路旅客运输及客运站管理规定》第四十四条明确规定，客运经营者应当按照道路运输管理机构决定的许可事项从事客运经营活动。第八十四条第四项规定，超越许可事项，从事道路客运经营的，由县级以上道路运输管理机构责令停止经营；有违法所得的，没收违法所得，处违法所得2倍以上10倍以下的罚款；没有违法所得或者违法所得不足2万元的，处3万以上10万以下的罚款；构成犯罪的，依法追究刑事责任。

（3）此外，交通运输部《道路旅客运输及客运站管理规定》对客运车辆使用临时客运标志牌的情形以及要求进行了明确规定。

第六十条规定：遇有下列情况之一，客运车辆可凭临时客运标志牌运行：①原有正班车已经满载，需要开行加班车的；②因车辆抛锚、维护等原因，需要接驳或者顶班的；③正式班车客运标志牌正在制作或者不慎灭失，等待领取的。

第六十一条规定：凭临时客运标志牌运营的客车应当按正班车的线路和站点运行。属于加班或者顶班的，还应当持有始发站签章并注明事由的当班行车路单；班车客运标志牌正在制作或者灭失的，还应当持有该条班线的《道路客运班线经营许可证明》或者《道路客运班线经营行政许可决定书》的复印件。

《道路旅客运输及客运站管理规定》对于临时客运标志牌的使用进行了明确规定，客运车辆在需要开行加班车、需要接驳或者顶班，以及正班车客运标志牌正在制作或者不慎灭失等待领取，这三种情形下方可使用临时客运标志牌。即客运经营者只有在取得有关班线经营许可的前提且存在前述三种情形之一方可使用临时客运标志牌。同时，该规定明确要求，属于加班车、接驳车、顶班车的还应当持有始发站签章并注明事由的当班行车路单；班车客运标志牌正在制作或者灭失的，还应当持有该条班线的《道路客运班线经营许可证明》或者《道路客运班线经营许可决定书》的复印件。因此，对于对使用临时客运标志牌的客运班车进行检查时，对其是否具有使用临时客运标志牌的法定理由进行调查，可以有效遏制违法使用临时客运标志牌对客运市场的冲击。

在包车客运标志牌和临时客运标志牌的使用及管理上，应注意以下事项。

（1）包车客运标志牌和加班车、顶班车、接驳车使用的临时客运标志牌在一个运次内有效，因班车客运标志牌正在制作或者灭失而使用的临时客运标志牌有效期不得超过30天。

（2）道路运输管理机构应按照交通运输部的统一要求，为从事省际包车客运的企业提供运政管理信息系统，企业通过运政管理信息系统向车籍地道路运输管理机构备案后方可使用包车标志牌。

（3）临时客运标志牌、包车标志牌在一个运次内使用完毕后自然失效。临时客运标志牌使用完毕后应由核发的道路运输管理机构及时收回。

（4）凭临时客运标志牌运营的客车应当按正班车的线路和站点运行。属于加班或者顶班的，还应当持有始发站签章并注明事由的当班行车路单；班车客运标志牌正在制作或者灭失的，还应当持有该条班线的《道路客运班线经营许可证明》或者《道路客运班线经营行政许可决定书》的复印件。

（5）上级道路运输管理机构应加强对下级道路运输管理机构的包车客运标志牌、临时客运标志牌发放管理工作的监督检查。

（6）在春运、国家法定节假日或者发生突发事件等客流高峰期运力不足时，道路运输管理机构可临时调用车辆技术等级不低于三级的营运客车和社会非营运客车开行包车或者加班车。非营运客车凭县级以上道路运输管理机构开具的证明运行。

第三节　道路旅客运输车辆管理

客车是运输乘客的工具，车辆状况的好坏直接关系着乘客的生命和财产安全，关系着客运服务质量的高低。保障车辆技术状况良好是道路运输企业的责任，道路运输管理机构应监督运输企业做好运输车辆的维护检测和审验工作，做好车辆进入和退出营运市场的管理工作。

案例链接

未按规定维护和检测运输车辆行政处罚案

一、案件介绍

2013年10月9日××运输有限公司一辆客车前往县道路运输管理所办理二级维护签章业务，经执法人员查验，该车二级维护有效期截至2013年8月26日，现已超期。2013年10月9日经县道路运输管理所负责人批准立案，指定执法人员黎某和姜某办理此案。

随后执法人员对××运输有限公司法定代表人吴某进行了询问，制作了《询问笔录》，调取的主要证据包括：

（1）××运输有限公司道路运输经营许可证复印件一份，吴某的身份证复印件一份，证明吴某是该公司的法定代表人。

（2）县道路运输管理所行政执法人员对××运输公司法定代表人吴某的《询问笔录》一份（共1页），证明××运输有限公司涉案客车未按规定维护和检测，从事道路运输经营的事实。

（3）××运输有限公司涉案客车二级维护卡复印件一份，证明××运输有限公司涉案客车未按规定维护和检测，从事道路运输经营的事实。

2013年10月14日县道路运输管理所完成该案调查，查明了该客车的违法事实，并提出处理意见。经调查，该客车未按规定进行二级维护检测签章，且在2013年8月26日至2013年10月9日期间从事县内班线客运经营，期间取得经营收入共计3500元。

2013年10月15日县道路运输管理所向××运输有限公司送达了《违法行为通知书》，告知××运输有限公司拟作出行政处罚决定的事实、理由及依据，并告知其享有陈述、申辩的权利，该公司法定代表人吴某当场放弃陈述、申辩的权利并提交自愿放弃权利申请书。

2013年10月17日，县道路运输管理所决定对××运输有限公司作出罚款1000元的行政处罚，同时制作了《行政处罚决定书》。2013年10月18日，县道路运输管理所采取直接送达的方式，将《行政处罚决定书》送达xx运输公司法定代表人吴某，并告知其如果不服行政处罚决定，可以在收到《行政处罚决定书》之日起60日之内，依照《中华人民共和国行政复议法》、《中华人民共和国行政复议法实施条例》的规定，向县交通运输局申请行政复议，或者在三个月内依照《中华人民共和国行政诉讼法》的规定，向县人民法院提起行政诉讼。逾期不申请行政复议、不提起行政诉讼又不履行的，县道路运输管理所将依法申请人民法院强制执行。吴某对处罚决定表示认可，并在《文书送达回证》上签收。

2013年10月21日县道路运输管理所对该案的事实、理由、依据以及办案程序、处理意见进行了合法性审查。2013年10月24日县道路运输管理所负责人对该案进行了审查，认为该案事实清楚、证据确凿、理由充分、依据准确、程序正当、处理意见适当。

二、案件分析

（一）法律适用

《中华人民共和国道路运输条例》第三十条规定：客运经营者、货运经营者应当加强对车辆的维护和检测，确保车辆符合国家规定的技术标准；不得使用报废的、擅自改装的和其他不符合国家规定的车辆从事道路运输经营。

《中华人民共和国道路运输条例》第七十条规定：违反本条例的规定，客运经营者、货运经营者不按规定维护和检测运输车辆的，由县级以上道路运输管理机构责令改正，处1000元以上5000元以下的罚款。

（二）案件处理过程

《中华人民共和国道路运输条例》第七条规定：县级以上道路运输管理机构负责具体实施道路运输管理工作。明确了道路运输管理部门负责道路运输管理工作。

县道路运输管理所对该案的调查取证，符合《中华人民共和国行政处罚法》、《××省行政处罚程序规定》的要求。××运输有限公司对县道路运输管理所收集的证据未提出不同意见，这些证据证明××运输有限公司涉案客车未按规定维护和检测，从事道路运输经营的事实、性质、情节以及社会危害程度。

客运经营者、货运经营者应当加强对道路运输车辆的维护和检测，确保车辆符合国家规定的技术标准，本案中××运输有限公司涉案客车应按规定每季度进行二级维护检测及签章，检测合格后再从事道路运输经营，但××运输有限公司未按规定对客车进行二级维护检测签章，并使用该车从事道路运输经营，构成不按规定维护和检测运输车辆的违法行为。

××运输有限公司不按规定维护和检测运输车辆的行为违反了《中华人民共和国道路运输条例》第三十条之规定，应按照《中华人民共和国道路运输条例》第七十条的规定进行处罚。

一、客运车辆技术管理

（1）道路运输管理机构应当督促道路客运经营者建立车辆技术管理制度，按照国家标准《汽车维护、检测、诊断技术规范》(GB 18344)等有关技术标准对客运车辆进行定期维护，确保客运车辆技术状况良好。

（2）道路运输管理机构应当督促道路客运经营者按时到符合国家标准要求的机动车综合性能检测站进行检测，做好车辆技术等级评定。

（3）对达到国家规定的报废标准或者经检测不符合国家强制性标准要求的客运车辆，道路运输管理机构应当及时收回《道路运输证》。对车辆技术等级、级别不能满足相应客运线路、运输方式要求的，道路运输管理机构应当监督道路客运经营者更换车辆，并办理变更手续。

（4）道路客运经营者不按规定维护和检测客运车辆、使用擅自改装客运车辆从事经营活动，或者擅自改装已取得《道路运输证》的客运车辆的，道路运输管理机构应当予以制止，并按规定实施处罚。

（5）县级以上道路运输管理机构应当依据行业标准《营运客车类型划分及等级评定》(JT/T 325)，定期对营运客车类型及等级进行复核，并在《道路运输证》上予以注明。

（6）道路运输管理机构应当督促道路客运经营者按规定为有关客车安装使用具有行驶记录功能的卫星定位装置等设备(卧铺客车同时安装使用车载视频装置)，鼓励使用节能环保的客车从事道路客运。

二、客运车辆审验

配发《道路运输证》的道路运输管理机构应实施客运车辆的审验工作，省级道路运输管理机构配发《道路运输证》的客运车辆的审验工作，可以委托车籍所在地的道路运输管理机构实施。

客运车辆实施定期审验制度，每年一次，具体审验时间由省级道路运输管理机构自行确定。

三、客运车辆异动管理

（1）在经营期限内，道路客运班线经营者申请更新、新增客运车辆的，原许可的道路运输管理机构应当根据道路客运经营者提交的车辆更新或车辆调换方案等材料，考虑车辆技术状况、座位数量、类型等级等因素，在10个工作日内作出准予或不准予的决定。

（2）对达到国家规定的报废标准或经检测不符合国家标准要求的客运车辆，以及道路旅客运输经营者拟不再从事客运经营的车辆，原发证的道路运输管理机构应当收回《道路运输证》、客运标志牌等，并存档；无法收回的，应及时通过其网站等途径予以公布，宣布作废。

（3）道路旅客运输经营者要求将客运车辆转籍、过户的，应当向原发证的道路运输管理机构提出申请。

（4）客运车辆报停的，道路旅客运输经营者需持拟报停车辆的《道路运输证》到原发证的道路运输管理机构办理报停手续，道路运输管理机构暂时收回《道路运输证》。

四、客运车辆档案管理

县级以上道路运输管理机构应当建立客运车辆管理档案，督促道路客运经营者建立客运车辆技术档案。车辆管理档案的主要内容应当包括：车辆基本情况、二级维护和检测记录、技术等级评定记录、类型及等级评定记录、车辆变更记录、交通事故记录等。

第四节　道路客运班线经营权招标投标

客运班线经营权招标投标是指道路运输管理机构在不实行班线经营权有偿使用或者竞价的前提下，通过公开招标，对参加投标的道路旅客运输经营者的质量信誉情况、企业规模、运力结构和经营该客运班线的安全保障措施、服务质量承诺、运营方案等因素进行综合评价，择优确定客运班线经营者的许可方式。通过这种公平竞争的方式，将客运班线授予那些服务能力最强、服务质量最好的客运经营者，对保障道路运输安全和提升道路运输服务质量具有重要作用。在道路客运班线经营权招标投标过程中，道路运输管理机构要坚持公正、公平、公开的原则，保证各投标参与者的合法权益。

案例链接

状告县交通运输局招投标经营权行政复议不予受理案

一、案件介绍

某县境内A镇至B镇的班线经营权期限届满，县道路运输管理局委托县公共资源交易中心先后于2013年7月11日和2013年8月22日两次在公共资源交易网发布《2013年××县境内客运班线经营权招标项目公开招标公告》和《2013年××县境内客运班线经营权招标项目公开招标二次公告》，对该县境内的客运班线经营权进行公开招标。在报名期限内，有甲、乙、丙、丁四家客运公司报名参加投标。报名结束后，县道路运输管理局按程序组织标前分评定人员对报名参与投标的四家客运公司进行了标前分的评定，并于2013年9月5日委托县公共资源交易中心发布了《××县境内客运班线经营权招投标标前分公示》，对标前分的评分结果进行公示。公示发布后，戊客运公司认为县道路运输管理局做出的《××县境内客运班线经营权招投标标前分公示》有违公平、公正原则，侵害了其公平竞争权利，遂于2013年9月16日向该县交通运输局提出行政复议申请，请求撤销县道路运输管理局做出的《××县境内客运班线经营权招投标标前分公示》，并提请有关机关对《××县客运班线经营权招投标标前分评分标准》进行合法性审查。2013年9月20日该县交通运输局做出《不予受理决定书》，对戊客运公司的复议申请不予受理。戊客运公司不服，向法院提起行政诉讼，请求撤销交通运输局做出的《不予受理决定书》。

二、案件结果及分析

法院认为，公民、法人或其他组织认为行政机关的具体行政行为侵犯其合法权益的，有依法提起行政复议申请的权利，但行政复议申请必须符合《中华人民共和国行政复议法》第六条规定的行政复议受理范围：

（1）对行政机关作出的警告、罚款、没收违法所得、没收非法财物、责令停产停业、暂扣或者吊销许可证、暂扣或者吊销执照、行政拘留等行政处罚决定不服的；

（2）对行政机关作出的限制人身自由或者查封、扣押、冻结财产等行政强制措施决定不服的；

（3）对行政机关作出的有关许可证、执照、资质证、资格证等证书变更、中止、撤销的决定不服的；

（4）对行政机关作出的关于确认土地、矿藏、水流、森林、山岭、草原、荒地、滩涂、海域等自然资源的所有权或者使用权的决定不服的；

（5）认为行政机关侵犯合法的经营自主权的；

（6）认为行政机关变更或者废止农业承包合同，侵犯其合法权益的；

（7）认为行政机关违法集资、征收财物、摊派费用或者违法要求履行其他义务的；

（8）认为符合法定条件，申请行政机关颁发许可证、执照、资质证、资格证等证书，或者申请行政机关审批、登记有关事项，行政机关没有依法办理的；

（9）申请行政机关履行保护人身权利、财产权利、受教育权利的法定职责，行政机关没有依法履行的；

（10）申请行政机关依法发放抚恤金、社会保险金或者最低生活保障费，行政机关没有依法发放的；

（11）认为行政机关的其他具体行政行为侵犯其合法权益的。

对不符合以上行政复议受理范围的申请，复议机关可以不予受理。本案中，县道路运输管理局对客运班线经营权招投标标前分结果进行公示的行为不是具体的行政行为，因此不属于行政复议的受案范围，县交通运输局对戊客运公司的复议申请不予受理是正确的。

此外，县道路运输管理局委托县公共资源交易中心，发布班线经营权公开招标公告，在公告确定的报名时间内，戊客运公司没有按要求报名参与投标，因此××县境内客运班线经营权招投标标前分的结果公示与戊客运公司没有利害关系，该行为未侵犯到戊客运公司的合法权益，故戊客运公司以公示结果违反公平公正原则，侵害其合法权益为由申请行政复议的理由没有根据。

综上，法院认为县交通运输局作出《不予受理决定书》的具体行政行为事实清楚、证据充分，应依法予以维持。

一、客运班线经营权招标

（1）县级以上道路运输管理机构根据《中华人民共和国道路运输条例》规定的许可权限，对下列客运班线经营权可以采取招标投标的方式进行许可，并作为招标人组织开展招标工作：

①在确定被许可人之前，同一条客运班线有3个以上申请人申请的；

②根据道路运输发展规划和市场需求，道路运输管理机构决定开通的干线公路客运班线，或者在原干线公路客运线路上投放新的运力；

③根据双边或者多边政府协定开通的国际道路客运班线；

④已有的客运班线经营期限到期，原经营者不具备延续经营资格条件，需要重新许可的。

（2）客运班线招标投标应当采用公开招标方式，招标公告和招标结果应当向社会公布。

（3）招标人可以自行选择具备法定条件的招标代理机构，委托其办理招标事宜。各地道路运输行业协会组织可以接受招标人的委托，具体承担与招标投标有关的事务性工作。

（4）招标人应当确定不少于10日的时间作为投标人的报名时间，该期间自招标公告发布之日起至报名截止日止。

（5）在招标文件要求的提交投标文件截止时间后送达的投标文件，招标人应当拒收。

（6）客运班线招标投标评分标准总分为200分，包括标前分80分和评标分120分。

二、客运班线经营权投标

（1）投标人应当在招标公告规定的期限内向招标人报名，并按照招标公告的要求提交相关材料。

（2）通过资格预审的投标人购买招标文件后，应当按照招标文件的要求编制投标文件。

（3）投标人在编制投标文件过程中，如果对招标文件的内容存有疑问，可以在领取投标文件之日起10日内以书面形式要求招标人进行解释。

（4）在提交投标文件截止时间前，投标人可以对已提交的投标文件进行修改、补充，也可以撤回投标文件，并书面通知招标人。

（5）到提交投标文件截止时间止，投标人为3个以上的，进行开标和评标；投标人不足3个的，招标人可以重新组织招标或者按照有关规定进行许可。

三、开标、评标和中标

（1）招标人应当在开标前委派1名招标人代表并从评审专家库中随机抽取一定数量的评审专家组成评标委员会进行评标，评标委员会的成员人数应当为5人以上单数。评委名单在中标结果确定前应当保密。评委与投标人有利害关系的，不得进入本次评标委员会，已经进入的应当更换。

（2）招标人应当在开标前对已取得招标文件的投标人提供的标前分评定材料进行核实，并完成标前分的评定工作。

（3）开标应当在招标文件确定的提交投标文件截止时间的同一时间公开进行。开标地点应当为招标文件中预先确定的地点。

（4）开标后，招标人应当组织评标委员会进行评标。评标必须在严格保密的条件下进行，禁止任何单位和个人非法干预、影响评标的过程和结果。

（5）评标委员会应当按以下程序进行评标：

①审查投标文件及相关材料，并对不明确的内容进行质询；

②招标人或者招标代理机构根据评委质询意见，要求投标人对投标文件中不明确的内容进行必要澄清和说明，但澄清和说明不得超出投标文件的范围或者改变投标文件的实质

性内容；

③认定是否存在废标；

④评委按照招标文件确定的评分标准和方法，客观公正地评定投标人的评标分，并对所提出的评审意见承担个人责任。如果招标项目由两条以上客运班线组成，则分别确定每条客运班线的评标分后，取所有客运班线评标分的算术平均值为投标人在该招标项目的评标分；

⑤评委对招标人评定的标前分进行复核确认；

⑥在评委评定的评标分中，去掉一个最高分和一个最低分后，取算术平均值作为投标人在该招标项目的最终评标分。最终评标分加上标前分，作为投标人的评标总分；

⑦按照评标总分由高到低的原则推荐中标候选人和替补中标候选人。替补中标候选人为多个的，应当明确替补顺序。评标总分分数相同且影响评标结果的确定时，由评委现场投票表决确定中标候选人、替补中标候选人；

⑧出具书面评标报告，并经全体评委签字后，提交招标人。

（6）招标人应当根据评标委员会提交的书面评标报告和推荐意见确定中标人和替补中标人。确定中标人后，招标人应当在7日内向中标人发出中标通知书，并将中标结果书面通知替补中标人和其他投标人。

（7）招标人和中标人应当在中标通知书发出之日起30日内，签订中标合同并按照有关规定办理许可手续。

第五节　道路客运站管理

道路客运站是为旅客和运输经营者提供站务服务的场所，是道路旅客运输网络的节点，是组织旅客和车辆集散的地点，发挥着交通枢纽的作用。同时客运站是道路旅客运输的起点和终点，在保证道路旅客运输安全和服务质量方面也具有重要作用。所以说，抓好道路客运站的管理在很大程度上就保障了道路旅客运输的质量。

案例链接

案例1：多部门联手查处“三无”客运站

一、案件介绍

据媒体报道，某市一公园正门前的一处“三无”客运站存在多年，垄断了本市往返省内各市县的长途客运专线。该站为节省成本，没有任何安检设施，并通过欺诈车资等手段谋利，乘客虽有怨言，但由于市场被垄断，也不得不乘坐他们的车辆。

非法客运站违法经营，坑骗旅客的行为引起社会极大不满，媒体为此刊登《“三无”客运站挤走“正规军”》的报道。报道引起了运政等部门高度重视，市交通局联合该街道办召开协调会，部署联合整治行动。会后，有关执法人员身着便衣前往“三无”客运站暗访，看到站内仍停有9辆准备开往省内各市县的长途大巴，还有两辆挂外省牌照的客车。这两辆外省大巴车都有违规不在指定客运站上下客的不良记录。

第二天，运政部门带队的联合执法人员再次前往“三无”客运站进行调查时，该站大门及侧门均被铁锁锁住，里面的非法经营者及长途大巴都逃得无影无踪。执法人员表示，站内的经营场所均为铁皮房，属于违法建筑，完全不符合客运站建设标准。当天执法人员对“三无”客运站下发了整改通知书，下一步拟对这些违法建筑进行拆除。

交通局的执法人员还约见了之前暗访时发现的两辆不按规定上下客的长途大巴所属公司的法人代表，各处以3000元的罚款；并将“三无”客运站作为重点巡查对象，督促其在规定期限内进行整改，一旦再次发现违法行为，将作出进一步处罚。

二、相关规定

《道路旅客运输及客运站管理规定》第九十一条规定：客运经营者、客运站经营者已不具备开业要求的有关安全条件、存在重大运输安全隐患的，由县级以上道路运输管理机构责令限期改正；在规定时间内不能按要求改正且情节严重的，由原许可机关吊销《道路运输经营许可证》或者吊销相应的经营范围。

《道路旅客运输及客运站管理规定》第九十五条规定：客运站经营者有下列情形之一的，由县级以上道路运输管理机构责令改正，处1万元以上3万元以下的罚款：

（1）允许无经营许可证件的车辆进站从事经营活动的；

（2）允许超载车辆出站的；

（3）允许未经安全检查或者安全检查不合格的车辆发车的；

（4）无正当理由拒绝客运车辆进站从事经营活动的。

案例2：严厉查处“招牌”式客运站

一、案件介绍

2014年4月，某市交通行政执法监督处通报了一起非法揽客点被查处的案例。经调查，该揽客点从事中介揽客业务，通过收取回扣牟利。

执法人员介绍，该揽客点的老板姓邓，2012年开始，邓某租赁了邮政大楼的一间门面，挂上“长途汽车客运售票点”的招牌，在火车站售票厅前举着这块招牌喊客拉客，事先与从事长途客运的司机保持电话沟通，然后组织黑车将旅客拉到高速入口，将乘客送上客运车，从司机处收取几十元的中介费。

交通行政执法监督处接到多起旅客投诉，反映邓某违规加价卖票，收取所谓“服务费”后将乘客转乘到过境大客车上。2013年10月，执法处执法人员现场调查发现邓某没有办任何手续，由于未掌握其拉客证据，执法人员要求其停止相关不合法行为。2014年4月，执法处再次接到旅客投诉，该点没有必要的安全检查也没有提供正式的车票，随意抛客，给正规合规客运站点造成冲击。4月7日，执法处出动10余名客运执法人员对该门面进行取缔，将其门店牌和广告牌取下。执法人员提醒，乘客一定要到正规的售票厅购买车票，不要相信车站内揽客人员。

二、相关规定

《道路旅客运输及客运站管理规定》第八十五条规定：有下列行为之一的，由县级以上道路运输管理机构责令停止经营；有违法所得的，没收违法所得，处违法所得2倍以上10倍以下的罚款；没有违法所得或者违法所得不足1万元的，处2万元以上5万元以下的罚款；构成犯罪的，依法追究刑事责任：

（1）未取得客运站经营许可，擅自从事客运站经营的；

（2）使用失效、伪造、变造、被注销等无效的客运站许可证件从事客运站经营的；

（3）超越许可事项，从事客运站经营的。

道路客运站是旅客聚集、候车和完成运输组织以及了解运输信息的重要场所，在建设和运营上都有着严格的要求。非法客运站没有任何安全设施和正规的运输流程，很难保证道路旅客运输的安全和质量。道路运输管理机构对道路客运站的建设、开业、运营等各方面都应做好监管工作。

一、客运站经营许可

申请从事道路客运站经营的，道路运输管理机构应当审查申请人是否符合以下条件。

（1）客运站经有关部门组织的工程竣工验收合格，且经道路运输管理机构组织的站级验收合格。

（2）有与业务量相适应的专业人员和管理人员。

（3）有相应的设备、设施，具体要求按照《汽车客运站级别划分和建设要求》（JT/T 200）的规定执行。

（4）根据《汽车客运站营运客车安全例行检查工作规范》和《汽车客运站营运客车出站检查工作规范》，建立健全业务操作规程和安全管理制度，包括服务规范、安全生产操作规程、车辆出站检查管理制度、安全生产责任制、危险品检查、安全生产监督检查制度等。

二、道路客运站监督管理

道路运输管理机构应当加大对客运站经营活动的监督检查，督促客运站经营者遵守以下规定：

（1）按照道路运输管理机构决定的许可事项从事客运站经营活动。

（2）不得随意改变客运站用途和服务功能。

（3）和进站发车的道路客运经营者依法自愿签订服务合同，并按合同的规定履行各自的权利和义务。

（4）按照公平、公正原则，合理安排发车时间，公平对待进站客运车辆。

（5）落实出站客车安全检查、危险品检查、出站查验等制度。

（6）制定有关自然灾害、客运量突增、公共卫生以及其他突发事件的应急预案。

（7）公布进站客车的班车类别、客车类型等级、运输线路、起讫停靠站点、班次、发车时间、票价等信息，疏导旅客，维持秩序。

（8）在经营场所公示收费项目和标准。

（9）建立和完善各类台账和档案，并按要求及时报送有关信息。

（10）道路客运站经营者和道路客运经营者在发车时间等方面发生纠纷时，道路运输管理机构应当进行裁定。

??? 课后思考题

案例1:

赵某有一辆挂靠某旅游公司，领有旅游包车牌照的中巴，由于旅游包车客源少，经常违规上路从事普通客运经营，捞取不法收入。某天该车在道路上拉散客时被当地运政机构依法查扣，面对高额罚款赵某左右为难，产生将该车及相关牌照转让给卢某的想法。经双方协商，由卢某出钱到当地交通主管部门缴交罚款把车取出，另付8万元给赵某。结果，卢某以很低的价钱连车带证直接买下，并投入旅游包车经营。

请问：赵某将该车及相关牌照转让给卢某是否合法？请说明理由。如果不合法，对此行为应如何处理。

答：不合法。根据《中华人民共和国道路运输条例》第六十六条的规定，客运经营者、货运经营者、道路运输相关业务经营者非法转让、出租道路运输许可证件的，由县级以上道路运输管理机构责令停止违法行为，收缴有关证件，处2000元以上1万元以下的罚款；有违法所得的，没收违法所得。

案例2:

有一省际客运大巴从某汽车站首发站发车后，刚出站门即被运管所稽查人员拦停，经检查发现，该车车上当时除司乘人员三人外，共载有旅客52人。该车营运证、线路牌等证件均齐全，并出示有某汽车站的发车单，单上记载了首发汽车站当日该班车共发客52人。经详细检查后，现场执法人员发现该车实际核准载客40人。

请问：该运管所稽查人员在发现该情况后应如何处理？

答：现场执法人员对该车司乘人员的超载行为应立即予以制止，并采取相应措施安排旅客改乘。同时，向当地公安交警部门通报该情况，移交交警部门对其超载行为按规定予以处罚。

运政执法人员还应对客运站进行行政处罚，要求客运站停止出售超员客票，禁止超员车辆出站。根据《中华人民共和国道路运输条例》第七十一条的规定，道路运输站(场)经营者允许无证经营的车辆进站从事经营活动以及超载车辆、未经安全检查的车辆出站或者无正当理由拒绝道路运输车辆进站从事经营活动的，由县级以上道路运输管理机构责令改正，处1万元以上3万元以下的罚款。

第八章　道路货物运输及站场经营管理

道路货物运输占据着货物运输的大部分，对国民经济发展具有重要作用，由于其机动灵活的特点和“门到门”的服务方式，成为货物运输行业的主导。道路货物运输形式多样，参与主体也纷繁复杂，为了保证道路货物运输市场的安定、有序和繁荣，发挥道路货物运输服务国民经济建设和百姓货物运输需求的功能，道路运输管理机构需要对道路货物运输做好规划、组织、协调和监督工作。

第一节　道路货物运输经营许可

道路货物运输经营行政许可就是通过审查的方式，准许符合条件的申请人从事道路货物运输经营的行政行为，也称为道路货物运输市场准入，它是道路运输管理机构从事道路运输管理的重要内容和手段。行政许可具有事先控制的作用，通过行政审批可以防止不具有资格的经营者和车辆进入道路货物运输市场，对预防运输事故，保护人民生命财产安全具有重大作用。道路运输管理机构和行政人员在进行道路货物运输经营行政许可时，既要认真审查，严把市场准入关，又要坚持公平、公开、公正的原则，保障申请人的合法权利。

案例链接

诉道路运输管理所不予行政许可行政诉讼案

一、案件介绍

胡某于2011年8月购置了一辆厢式货车，于2011年9月1日向县道路运输管理所提出普通道路货物运输经营的申请，县道路运输管理所于2011年9月5日作出《不予行政许可决定书》，认为胡某提出普通道路货物运输经营的申请，存在所购车辆（中型厢式货车）与申请经营业务不相适应的问题，不符合《中华人民共和国道路运输条例》第二十一条第（一）项的规定，故根据《中华人民共和国行政许可法》第三十八条第二款的规定，决定不予交通行政许可。胡某对县道路运输管理所作出《不予行政许可决定书》的行为不服，遂向法院提起行政诉讼。

二、诉讼经过

县道路运输管理所在举证期内向法院提供了以下作出被诉具体行政行为的证据材料和法律依据。

（1）胡某的申请表及申请材料，证明胡某向县道路运输管理所申请办理中型厢式货车普通道路货物运输经营的相关资料，包括《道路货物运输申请表》、《货物运输车辆信息》、《拟聘用营运货车驾驶员情况》、《申请材料核对表》、中型厢式货车的《中华人民共和国机动车行驶证》、驾驶员的《驾驶证》、《××市汽车综合性能检测报告单》的检测结论（一级车）。

（2）交通行政许可申请受理通知书，证明县道路运输管理所受理胡某的申请。

（3）《不予行政许可决定书》，证明县道路运输管理所认定胡某所购车辆与申请经营业务不相适应，不符合《中华人民共和国道路运输条例》第二十一条第（一）项的规定。

（4）县道路运输管理所不予行政许可的法律依据是《中华人民共和国道路运输条例》。

（5）县道路运输管理局关于暂不对“厢式货车”办理道路经营许可的公告材料。

胡某诉称，其购置的车辆是符合《中华人民共和国道路运输条例》第二十一条规定的，另外根据该条例第二十六条的规定，国家鼓励封闭式货车运输。运管所作为执行法律法规的单位，应该对其申请作出许可，胡某请求法院判决撤销县道路运输管理所作出的《不予行政许可决定书》，并责令县道路运输管理所重新作出行政许可。胡某当庭未举示证据。

县道路运输管理所辩称，胡某申请的车辆是“厢式货车”，该县的规定是暂不办理，虽然立法上规定是鼓励封闭式货车运输，但在实际操作上是不行的，这样会干预了货运市场的经营。

经庭审质证，胡某对县道路运输管理所举示的证据真实性无异议，但认为县道路运输管理局关于暂不对“厢式货车”办理道路经营许可的公告，不能作为本案不予许可的依据。

法院经过审理认为：

县道路运输管理所是该行政区的道路运输管理部门，胡某从事货运经营须经其许可，县道路运输管理所是合法的行政主体。胡某向县道路运输管理所申请中型厢式货车普通道路货运经营，县道路运输管理所依职权受理正确。但县道路运输管理所认为胡某的申请不符合《中华人民共和国道路运输条例》第二十一条第（一）项的规定，即申请从事货运经营的应当有与经营业务相适应并经检测合格的车辆。从《中华人民共和国道路运输条例》第二十六条第一款的规定看，国家鼓励货运经营者实行封闭式运输，保证环境卫生和货物的安全；从车辆检测上看，胡某的中型厢式货车经检测属于合格车辆。胡某的申请符合《中华人民共和国道路运输条例》第二十一条第（一）项的规定。县道路运输管理所以不符合该条规定不予许可的理由不能成立。胡某起诉要求撤销县道路运输管理所作出的《不予行政许可决定书》和责令县道路运输管理所重新作出具体行政行为的理由符合法律规定。

依照《中华人民共和国行政诉讼法》第五十四条第一款第（二）项的规定，法院判决如下：

（1）撤销被告××道路运输管理所作出的编号××××××的《不予行政许可决定书》。

（2）由被告××道路运输管理所对原告胡某申请中型厢式货车普通道路货运经营重新作出具体行政行为。

三、案件分析

《中华人民共和国行政许可法》第三十八条第二款规定：行政机关依法作出不予行政许可的书面决定的，应当说明理由，并告知申请人享有依法申请行政复议或者提起行政诉讼的权利。该理由部分应当说明该决定认定的事实和证据，所依据的法律、法规及规章的具体条款。本案中，县道路运输管理所只以本所发布的不对“厢式货车”办理道路经营许可的公告就否定申请人的申请，是没有法律依据的。

《中华人民共和国行政许可法》第七十四条规定：行政机关实施行政许可，有下列情形之一的，由其上级行政机关或者监察机关责令改正，对直接负责的主管人员和其他直接责任人员依法给予行政处分；构成犯罪的，依法追究刑事责任：

（1）对不符合法定条件的申请人准予行政许可或者超越法定职权作出准予行政许可决定的；

（2）对符合法定条件的申请人不予行政许可或者不在法定期限内作出准予行政许可决定的；

（3）依法应当根据招标、拍卖结果或者考试成绩择优作出准予行政许可决定，未经招标、拍卖或者考试，或者不根据招标、拍卖结果或者考试成绩择优作出准予行政许可决定的。

《道路货物运输及站场管理规定》第十条规定：道路运输管理机构应当按照《中华人民共和国道路运输条例》、《交通行政许可实施程序规定》和本规定规范的程序实施道路货物运输经营和货运站经营的行政许可。

道路运输管理机构对申请人提出的合理申请，应依法给予行政许可，不得变相要挟或否定，否则要承担法律责任。

一、申请从事道路货运经营应当具备的条件

（一）有与其经营业务相适应并经检测合格的运输车辆

1. 车辆技术要求

（1）车辆技术性能应当符合国家标准《营运车辆综合性能要求和检验方法》（GB 18565）的要求；

（2）车辆外廓尺寸、轴荷和载质量应当符合国家标准《道路车辆外廓尺寸、轴荷及质量限值》（GB 1589）的要求。

2. 车辆其他要求

（1）从事大型物件运输经营的，应当具有与所运输大型物件相适应的超重型车组；

（2）从事冷藏保鲜、罐式容器等专用运输的，应当具有与运输货物相适应的专用容器、设备、设施，并固定在专用车辆上；

（3）从事集装箱运输的，车辆还应当有固定集装箱的转锁装置。

（二）有符合规定条件的驾驶人员

（1）取得与驾驶车辆相应的机动车驾驶证；

（2）年龄不超过60周岁；

（3）3年内无重大以上交通责任事故和交通违法记满12分记录；

（4）经设区的市级道路运输管理机构对有关道路货物运输法规、机动车维修和货物及装载保管基本知识考试合格，并取得从业资格证。

（三）有健全的安全生产管理制度

包括安全生产责任制度、安全生产业务操作规程、安全生产监督检查制度、驾驶员和车辆安全生产管理制度等。

二、申请从事道路货运经营应当提供的材料

申请从事道路货物运输经营的，应当向县级道路运输管理机构提出申请，并提供以下材料：

（1）《道路货物运输经营申请表》；

（2）负责人身份证明，经办人的身份证明和委托书；

（3）机动车辆行驶证、车辆检测合格证明复印件；拟投入运输车辆的承诺书，承诺书应当包括车辆数量、类型、技术性能、投入时间等内容；

（4）聘用或者拟聘用驾驶员的机动车驾驶证、从业资格证及其复印件；

（5）安全生产管理制度文本；

（6）法律、法规规定的其他材料。

三、道路货运经营行政许可程序

道路运输管理机构对道路货运经营申请予以受理的，应当自受理之日起20日内作出许可或者不予许可的决定。

道路运输管理机构对符合法定条件的道路货物运输经营申请作出准予行政许可决定的，应当出具《道路货物运输经营行政许可决定书》，明确许可事项。在10日内向被许可人颁发《道路运输经营许可证》，在《道路运输经营许可证》上注明经营范围。

对道路货物运输经营不予许可的，应当向申请人出具《不予交通行政许可决定书》。

被许可人购置车辆或者已有车辆经道路运输管理机构核实并符合条件的，道路运输管理机构向投入运输的车辆配发《道路运输证》。

第二节　道路货物运输经营管理

道路货物运输是国民经济的重要组成部分，道路货物运输占综合物流市场的份额非常大，运输形式也多种多样，参与经营的主体也很广。可以说，道路货物运输的作用大，管

理难。道路运输管理机构应努力发挥组织、协调和监管的作用，规范道路货物运输经营行为，构建有序、高效发展的道路货物运输市场。

案例链接

“为顾客免费运送商品”属不属于经营性运输？

一、案件介绍

某县某服装销售公司用本公司的一辆中型客车为客户送其销售的服装时，被县运管所的执法人员查获，执法人员对驾驶员进行了询问，对车辆进行了登记保存，经过进一步调查取证后，将登记保存的车辆转为暂扣，随后向该服装销售公司送达了《交通违法行为通知书》，说明其未经许可擅自从事道路货物运输经营，拟对其进行罚款3万元的处罚。该服装销售公司接到《交通违法行为通知书》后，认为处罚金额较大，要求举行听证。县运管所于是向该服装销售公司送达了《交通行政处罚听证会通知书》，并在召开听证会后作出了交通行政处罚决定，以未经许可擅自从事道路运输为由，对该服装销售公司处以3万元的罚款。该公司不服行政处罚决定，向县人民法院提起行政诉讼，要求撤销县运管所做出的交通行政处罚决定。

二、诉讼经过

一审法院依据有关法律法规认为，原告某服装销售公司用其所拥有的车辆为客户运送货物，且没有办理营运证是事实，但被告县运管所不能提供该公司在向客户送货时，单独收取营运费，或者虽没单独收取营运费但将营运费与货价并计的证据，即不能够证明原告所拥有的车辆系营运性车辆。被告以原告无营运证擅自从事营运性道路运输为由对其作出处罚，事实不清，证据不足，据此，支持原告的诉讼请求，判决撤销被告县运管所作出的交通行政处罚决定。

此后，县运管所不服一审判决，向市中级人民法院提起上诉。市中级人民法院依法组成合议庭，公开开庭审理了此案，并做出最终判决。

市中级人民法院认为，根据规定，非营业性道路运输的对象应是本人或者本单位，且运输的目的不具有经营性和营利性。本案中某服装销售公司的服务对象是特定的消费者，运输的物品是特定的销售物，送货上门应视为经营者的营销手段，其目的具有经营性和营利性，因此，某服装销售公司为顾客送货上门的行为应认定为营业性道路运输，因其无道路运输经营许可证，擅自参加营业性道路运输，当属违法，县运管所认定其运输行为系无证经营行为是正确的，最终判决维持县运输管理所作出的原交通行政处罚决定。

终审判决后，某服装公司又向市检察院提出申诉，市检察院发出了立案审查通知书，后报请省检察院提起抗诉，省检察院向省高级人民法院提出抗诉。2006年10月11日省高级人民法院公开开庭审理，开庭后，就有关问题，省高级人民法院咨询了交通部公路司，并向最高人民法院作了请示，2006年11月14日作出终审判决，维持市中级人民法院的行政判决。历时两年的“为顾客免费运送商品”的车辆是否属于营业性运输的问题终于有了一个答案。

三、案件分析

本案中，服装销售公司认为，他们使用自备车辆运输自己公司产品的行为，主观上没有进行营运的故意，且没有盈利，因此不能判定为非法从事道路货物运输经营。

经营性道路运输与非经营性道路运输的本质区别在于是否具有营利性。营利性的表现方式很多，可以直接以运费的方式出现，也可以是以收取劳务费、服务费、与产品价格合并计算等形式。本案中，服装销售公司虽然没有直接收取运费，但所产生的费用已经并入到销售利润当中了，是一种商品促销手段。

针对这种情况，最好是检查购销双方的销售合同，如果销售合同中有诸如“本合同价格包括了运杂费”等条款，就可以确切地认定此运输行为是经营性的。尽管销售公司没有向消费对象收取额外的运费，但从合同来讲，运费已经纳入了货物价格中，就表示运输行为是有偿的，是营利性的。

一、货运经营管理

（1）道路运输管理机构应当监督道路货物运输经营者按照《道路运输经营许可证》核定的经营范围从事货物运输经营，不出现转让、出租道路运输经营许可证件的行为。

（2）道路运输管理机构应当监督道路货物运输经营者按照国家有关规定在其重型货运车辆、牵引车上安装、使用行驶记录仪，以及采取有效措施，防止驾驶人员连续驾驶时间超过4个小时。

（3）道路运输管理机构应当监督道路货物运输经营者聘用持有从业资格证的驾驶人员，确认驾驶员驾驶与其从业资格类别相符的车辆，随车携带《道路运输证》，不转让、出租、涂改、伪造《道路运输证》。

（4）运政执法人员在对货运车辆进行监督检查时，应检查运输的货物是否符合货运车辆核定的载质量，载物的长、宽、高是否违反装载要求。如果发现货运车辆违反国家有关规定超限、超载运输，或者货运车辆违法运输旅客，应依法予以处理。

（5）检查中涉及到大型物件运输的，运政执法人员应确认以下事项。

①道路货物运输经营者制定有大型物件道路运输组织方案。如果涉及超限运输，办理了相应的审批手续。

②从事大型物件运输的车辆按照规定装置有统一的标志和悬挂有标志旗；夜间行驶和停车休息时设置有标志灯。

（6）运政执法人员在监督检查中，应确认货物不是法律、行政法规禁止运输的货物。对于法律、行政法规规定限运、凭证运输的货物，应当查验并确认有关手续齐全有效。

（7）道路运输管理机构应监督道路货物运输经营者不采取不正当手段招揽货物、垄断货源，不阻碍其他货运经营者开展正常的运输经营活动。应监督道路货物运输经营者采取有效措施，防止货物变质、腐烂、短少或者损失，防止货物脱落、扬撒。

（8）道路运输管理机构应监督道路货物运输经营者制定有关交通事故、自然灾害、公共卫生以及其他突发公共事件的道路运输应急预案。应急预案应当包括报告程序、应急指挥、应急车辆和设备的储备以及处置措施等内容。

（9）道路运输管理机构应监督道路货物运输经营者严格遵守国家有关价格法律、法规和规章的规定，不恶意压价竞争。

二、道路货物运输市场监督检查

道路运输管理机构应当加强道路货物运输管理，规范经营行为，维护公平竞争，保护各方当事人的合法权益。

（1）查处违反道路货物运输经营许可的行为。

（2）查处违反道路货物运输经营规范的行为。

（3）查处违反车辆管理规定的行为。

（4）查处违反道路货物运输从业人员管理规定的行为等。

第三节　道路货物运输车辆管理

货运车辆是从事道路货物运输的重要工具，也是运输企业的重要资产。只有车辆技术状况良好和管理到位，才能保证道路货物运输的平稳、高效，才能提高道路货物运输行业的服务水平，促进物流行业的现代化发展。

案例链接

擅自改装营运车辆行政处罚案

一、案件介绍

2010年4月13日，李某驾驶一辆货车拉砖，在行驶至一处检查站时被县运政所执法人员拦下检查，经调查发现该车辆有明显改装的行为，与道路运输证上的车型不一致，执法人员依法对驾驶人员进行询问，制作询问笔录，并对该车的现状进行拍照，保存证据。执法人员依法认定，该车车主李某擅自改装已取得道路运输证的车辆，根据《中华人民共和国道路运输条例》第七十条第二款之规定，向李某下达了《交通违法行为通知书》，并告知了拟给予的行政处罚及当事人享有陈述、申辩的权利。

在规定的期限内，李某放弃了听证的权利，接受现场处罚，道路运输管理机构于2010年4月13日向李某作出了《交通行政处罚决定书》，根据《中华人民共和国道路运输条例》第七十条第二款之规定，给予李某罚款500元的行政处罚。当天李某在检查地点缴纳了罚款。

二、案件分析

本案涉及如何认定车辆是否属于改装行为。

《中华人民共和国道路运输条例》对从事道路运输的车辆有严格的要求，其中第三十条规定，客运经营者、货运经营者应当加强对车辆的维护和检测，确保车辆符合国家规定的技术标准；不得使用报废的、擅自改装的和其他不符合国家规定的车辆从事道路运输经营。同时，《道路货物运输及站场管理规定》第二十三条规定，禁止使用报废的、擅自改装的、拼装的、检测不合格的和其他不符合国家规定的车辆从事道路货物运输经营。

非法改装道路运输车辆，是指未经有关部门批准，擅自改装已获得道路运输证车辆的结构、构造或者特征的行为。主要包括擅自改装车辆类型或用途（比如客车改货车）、擅自改变车辆颜色、擅自改变车辆主要总成部件（比如更换发动机）和擅自改变车辆外廓尺寸或者承载限值（比如加长、加宽、加高）。擅自改装运输车辆将破坏车辆本身的结构和性能，给车辆行驶带来安全隐患，同时会造成道路运输市场的不公平竞争，不利于道路运输市场健康发展，危险很大。因此，应加强对擅自改装运输车辆行为的监管。需要特别注意的是，小型、微型道路客运车辆加装前后防撞装置，道路货运车辆加装防风罩、水箱、工具箱、备胎架等，道路运输车辆增加车内装饰等，在不影响安全和识别号牌的情况下，可由道路运输经营者自行决定，交通主管部门和道路运输管理机构不得将其认定为非法改装道路运输车辆。

三、法律适用

（一）本案法律适用

《中华人民共和国道路运输条例》第七十条规定：违反本条例的规定，客运经营者、货运经营者擅自改装已取得车辆营运证的车辆的，由县级以上道路运输管理机构责令改正，处5000元以上2万元以下的罚款。

（二）相关法律链接

《中华人民共和国行政处罚法》第三条规定：公民、法人或者其他组织违反行政管理秩序的行为，应当给予行政处罚的，依照本法由法律、法规或者规章规定，并由行政机关依照本法规定的程序实施。没有法定依据或者不遵守法定程序的，行政处罚无效。

《中华人民共和国行政处罚法》第二十七条规定，当事人有下列情形之一的，应当依法从轻或者减轻行政处罚：

（1）主动消除或者减轻违法行为危害后果的；

（2）受他人胁迫有违法行为的；

（3）配合行政机关查处违法行为有立功表现的；

（4）其他依法从轻或者减轻行政处罚的。

违法行为轻微并及时纠正，没有造成危害后果的，不予行政处罚。

一、货运车辆要求

1. 车辆技术要求

（1）车辆技术性能应当符合国家标准《营运车辆综合性能要求和检验方法》（GB 18565）的要求。

（2）车辆外廓尺寸、轴荷和载质量应当符合国家标准《道路车辆外廓尺寸、轴荷及质量限值》（GB 1589）的要求。

2. 车辆其他要求

（1）从事大型物件运输经营的，应当具有与所运输大型物件相适应的超重型车组。

（2）从事冷藏保鲜、罐式容器等专用运输的，应当具有与运输货物相适应的专用容器、设备、设施，并固定在专用车辆上。

（3）从事集装箱运输的，车辆还应当有固定集装箱的转锁装置。

二、货运车辆管理

（1）道路货物运输经营者应当建立车辆技术管理制度，按照国家规定的技术规范对货运车辆进行定期维护，确保货运车辆技术状况良好。

（2）道路货物运输经营者应当定期进行货运车辆检测，车辆检测结合车辆定期审验的频率一并进行。车籍所在地县级以上道路运输管理机构应当将车辆技术等级在《道路运输证》上标明。

（3）县级以上道路运输管理机构应当定期对货运车辆进行审验，每年审验一次。审验内容包括车辆技术档案、车辆结构及尺寸变动情况和违章记录等。审验符合要求的，道路运输管理机构在《道路运输证》审验记录中注明；不符合要求的，应当责令限期改正或者办理变更手续。

（4）禁止使用报废的、擅自改装的、拼装的、检测不合格的和其他不符合国家规定的车辆从事道路货物运输经营。

（5）道路货物运输经营者和县级以上道路运输管理机构应当分别建立货运车辆技术档案和管理档案，并妥善保管。对相关内容的记载应当及时、完整和准确，不得随意更改。

（6）道路货物运输经营者对达到国家规定的报废标准或者经检测不符合国家强制性标准要求的货运车辆，应当及时交回《道路运输证》，不得继续从事道路货物运输经营。

第四节 道路货运站（场）管理

道路货运站（场）是为承运人和托运人提供货物运输交易，组织货源和物流信息，为货物提供搬运、包装、装卸等基础服务，组织运输车辆调度，实现货物中转、储存和分发的场所。道路货物站（场）在道路货物运输过程中发挥着重要作用，是道路货物运输的重要组织枢纽，道路货运站（场）的良好运营是道路货物运输高效、顺畅发展的重要保障。

案例链接

放行超载车出站，行政处罚获法院支持

一、案件介绍

放行超载车出站，受罚者状告执法部门

重庆某水泥公司在其成品仓库为张某驾驶的某物流公司的一辆货车装载水泥32.64吨，致使该车载物严重超过核定载质量（该车核定载质量为10吨）。该车在高速公路上行驶时，因发生交通事故被高速公路行政执法人员查获，经调查确认事实后，高速公路行政执法人员向该水泥公司送达了《交通违法行为通知书》，而该水泥公司并没在规定期限内提出申诉和要求听证，高速公路行政执法人员遂依据《道路货物运输及站场管理规定》第七十二条“违反本规定，货运站经营者对超限、超载车辆配载，

放行出站的，由县级以上道路运输管理机构责令改正，处1万元以上3万元以下的罚款。”的规定对该水泥公司实施了处罚。该水泥公司对此不服，申请行政复议，复议机关维持了原来的处罚决定，该水泥公司仍不服，遂向人民法院提起了行政诉讼，高速公路行政执法队由此成为被告。

在一审中，法院认为，既然高速公路行政执法队依据《道路货物运输及站场管理规定》的规定对水泥公司实施了处罚，就必须具有相关证据证明该水泥公司是符合《道路货物运输及站场管理规定》第二条第四款“本规定所称道路货物运输站（场）（以下简称货运站），是指以场地设施为依托，为社会提供有偿服务的具有仓储、保管、配载、信息服务、装卸、理货等功能的综合货运站（场）、零担货运站、集装箱中转站、物流中心等经营场所。”规定的货运站经营者。但高速公路行政执法队所提供的证据，仅证明了该水泥公司在其仓库为另一从事道路运输经营单位的车辆进行超过核定载质量装载的事实，并没有提供该水泥公司是“以场地设施为依托，为社会提供有偿服务的经营者”的相关证据。因此，高速公路行政执法队作出的行政处罚主要证据不足。故判决撤销高速公路行政执法队作出的有关行政处罚决定。

法院终审判决，执法部门反败为胜

判决下达后，高速公路行政执法队进行了上诉。在此次审理中，法院认为，根据《道路货物运输及站场管理规定》第二条第四款的规定，水泥公司在其厂区内的成品仓库直接为从事道路运输经营的车辆配载水泥，其性质符合上述条款规定的货运站的条件，应当视为货运站，而水泥公司是该货运站的经营者。因水泥公司严重超过核定质量标准为道路运输经营车辆配载水泥而发生交通事故，高速公路行政执法队在处理该交通事故过程中，发现为事故车辆严重超过核定标准进行配载水泥的单位就是该水泥公司，为此，高速公路行政执法队认为该水泥公司的行为违反了《道路货物运输及站场管理规定》第四十三条第二款“货运站经营者应当对出站车辆进行安全检查，防止超载车辆或者未经安全检查的车辆出站，保证安全生产。”的规定，并依据《道路货物运输及站场管理规定》第七十二条规定，对水泥公司作出的行政处罚决定合法，应予以支持。原审法院认定事实清楚，但认为高速公路行政执法队没有提供水泥公司是以场地设施为依托，为社会提供有偿服务的经营者的相关证据，而判决撤销高速公路行政执法队作出的行政处罚决定不当，应予以纠正。

二、案件分析

（一）处罚对象的确立

本案中一审法院和二审法院的判决完全不同，其根本分歧就在于水泥公司是否属于“货运站”经营者。所谓经营者就是从某项经营活动中获利的行为人，所以本案中需要明确两个问题：（1）水泥公司是否是营利性的主体，即水泥公司是否从为其他车辆进行装载服务中获利；（2）水泥公司的仓库是否构成“货运站”。如果水泥公司的仓库确实满足“以场地设施为依托，为社会提供有偿服务的具有仓储、保管、配载、信息服务、装卸、理货等功能的综合货运站（场）、零担货运站、集装箱中转站、物流中心等经营场所”的规定，即可确定水泥公司属于“货运站”经营者，那么其违法行为就可以依照《道路货物运输及站场管理规定》的规定进行处罚。

（二）综合执法作用大

在本案中，我们发现对超限车辆和违规货运站的处罚是由高速公路行政执法队做出的，高速公路行政执法队是该市交通行政执法总队的一个支队，专门负责高速公路范围内的运政、路政和交通安全执法工作，是集路政、运政、交通安全职能于一体的综合执法队。以往在人（驾驶员）、车、货这一结构链中，对人的管理职责在交警，对超限车的管理职责在路政，而对货（站场经营者）的管理职责在运政，在没有实行综合执法的情况下，对三者的管理相对分离，一旦三个职责部门出现衔接上的问题，就极易被超限超载车辆、不法货运站场经营者钻空子。综合行政执法，对人、车、货实施管理职责的部门只有交通行政执法总队一家，因此对货运站的处罚可以一并实施，从而从体制上解决了这一问题。

（三）加强源头治超

加大对货运站的查处力度，是源头治超的重要办法。超载车辆在路上被查获时，很多是因为超载引发了事故，货运站放行超限超载车出站往往是引发事故的重要原因。超载车辆在路上被查获时还存在对超载货物的卸载和转运的问题，相关部门往往需要付出很大的努力才能消除超载的违法状态。所以，从源头上制止超载车辆出站就具有重大意义。《道路货物运输及站场管理规定》第五十九条规定：道路运输管理人员在货运站、货物集散地实施监督检查过程中，发现货运车辆有超载行为的，应当立即予以制止，装载符合标准后方可放行。

一、道路货运站（场）经营许可

申请从事道路货运站（场）经营的，道路运输管理机构应当审查申请人是否符合以下条件：

（1）有与其经营规模相适应的货运站房、生产调度办公室、信息管理中心、仓库、仓储库棚、场地和道路等设施，并经有关部门组织的工程竣工验收合格；

（2）有与其经营规模相适应的安全、消防、装卸、通讯、计量、监控等设备；

（3）有必要的安全检查设备设施；

（4）有与其经营规模、经营类别相适应的管理人员和专业技术人员；

（5）有健全的业务操作规程和安全生产管理制度。

二、道路货运站（场）监督管理

道路运输管理机构应当加强对道路货运站（场）经营活动的监督检查，根据道路货运站(场)经营方式的不同，督促道路货运站（场）经营者遵守以下规定。

（1）按照经营许可证核定的许可事项经营；不得随意改变货运站用途和服务功能。

（2）应将《道路运输经营许可证》、《企业法人营业执照》、《市场登记证》、《税务登记证》等有关证照集中、规范悬挂于办公场所明显位置。

（3）应在其经营场所公布收费项目和收费标准，应设立公告栏，公布交通、工商、税务部门投诉监督电话，服务承诺以及安全、卫生等各项管理制度。

（4）所聘用的从业人员的资质应与其所承担的工作要求相一致。

（5）向服务对象提供的货运信息应真实、准确。

（6）货运站经营者不得超限、超载配货，不得为无道路运输经营许可证或证照不全者提供服务；不得违反国家有关规定，为运输车辆装卸国家禁运、限运的物品。

（7）依法加强安全管理，健全和落实安全生产责任制。落实出站车辆安全检查工作并予以登记。

（8）应在站内醒目位置设置导向、疏散、提示、警告、限制、禁止等安全标志，并定期对各类安全标志进行检查和维修，保证完好。

（9）对所有受理货物进行核验，确保其真实性，不得受理或组织运输法律、行政法规禁运的货物。

（10）不得存放、包装、搬运、装卸危险货物。

（11）应按照规定的业务操作规程进行货物的搬运装卸。

（12）应建立健全车辆进出、装载、配载登记、统计制度和档案，并按规定向道路运输管理机构报送相关信息。

（13）应制定完善突发公共事件的应急预案，应急预案应当包括报告程序、应急指挥、应急车辆和设备的储备以及处置措施等，并报送道路运输管理机构和相关部门备案；每年至少进行2次应急培训和演练。如遇突发公共卫生事件、国防战备应急、抢险救灾、交通拥挤等情况，应无条件执行应急指挥机关的命令。

（14）应保持站场内清洁卫生，对经营业务产生的噪声、振动、废气等污染采取相应控制措施，使其达到国家和交通运输行业相关环保要求。

（15）道路运输管理机构根据需要驻站检查的，货运站应提供必要的驻站条件。

（16）应为道路运输管理机构及其工作人员的工作提供支持，不得有阻挠、推诿或其他干扰日常监管工作的行为。

（17）应当建立服务质量投诉受理制度，及时受理投诉、举报，并协助相关部门进行调查、处理。

第五节 道路危险货物运输管理

道路危险货物运输指用专用车辆运送具有爆炸、易燃、毒害、腐蚀和放射性的物品。由于运输货物的特殊危险性，对危险货物的运输具有严格的要求，危险货物运输企业的资质和运输车辆性能要求，危险货物的包装和运输要求都比普通货物要严格得多。道路危险货物运输直接关系到人民群众生命财产安全，道路运输管理机构应严格履行在危险货物运输管理方面的职责，保证道路危险货物运输的安全。

一、道路危险货物运输经营许可与经营管理

道路危险货物运输作为专业运输，对运输的各个方面都有严格的要求。从事道路危险货物运输的主体必须是符合许可要求的，从事危险货物运输的车辆也需要满足特殊的要求，

从事危险货物运输的人员也必须经过专门培训和考核。未经许可或者违规从事道路危险货物运输存在重大安全隐患，道路运输管理机构应在道路危险货物运输市场准入和经营行为上做好管理，从各个方面保证道路危险货物运输市场的有序和稳定。

案例链接

擅自从事道路危险货物运输行政处罚案

一、案情介绍

2009年11月11日，某市交通执法人员在检查站对过往货车进行检查时，发现一辆普通货车有运输危险货物的嫌疑。执法人员依法进行了现场检查，现场分别询问押运员钟某和司机郭某，制作了询问笔录，并摄录了现场录像。钟某证实车上货物是天那水和油漆，跟司机讲好运费，运费到达目的地后支付给司机。司机郭某也承认车上货物是天那水（二十三瓶）和油漆（三十桶），运费约好为120元，到达目的地后才收钱，该费用由他本人收取。执法人员调查取证后向郭某开具了《道路运输车辆暂扣凭证》，依法暂扣涉案车辆；并开具了《××市交通违法行为通知书》，告知其具有陈述、申辩，或在三日内申请举行听证的权利。郭某在规定的期限内既没有提出陈述、申辩，也没要求举行听证。市道路运输管理局根据《道路危险货物运输管理规定》第五十九条的规定，对其作出责令停止运输，并处3万元罚款的行政处罚决定，并以公告的方式送达。

2010年1月4日，车主郭某作为原告向法院提起行政诉讼，请求撤销交通违法行为处罚决定，返还暂扣车辆，赔偿租车费损失。法院经审理，判决驳回郭某的诉讼请求，维持原处罚决定。

二、法律适用

《道路危险货物运输管理规定》第三条规定：本规定所称危险货物，是指具有爆炸、易燃、毒害、感染、腐蚀等危险特性，在生产、经营、运输、储存、使用和处置中，容易造成人身伤亡、财产损毁或者环境污染而需要特别防护的物质和物品。危险货物以列入国家标准《危险货物品名表》（GB 12268）的为准，未列入《危险货物品名表》的，以有关法律、行政法规的规定或者国务院有关部门公布的结果为准。

《道路危险货物运输管理规定》第十条规定：申请从事道路危险货物运输经营的企业，应当向所在地设区的市级道路运输管理机构提出申请……

《道路危险货物运输管理规定》第五十九条规定：未取得道路危险货物运输许可，擅自从事道路危险货物运输的，由县级以上道路运输管理机构责令停止运输经营，有违法所得的，没收违法所得，处违法所得2倍以上10倍以下的罚款；没有违法所得或者违法所得不足2万元的，处3万元以上10万元以下的罚款；构成犯罪的，依法追究刑事责任。

三、案件分析

（一）对证据采信理由的说明

本案取得的证据材料包括押运员钟某询问笔录、司机郭某询问笔录以及涉案货车道路运输证及执法录像。司机郭某承认其使用涉案货车运输危险货物天那水和油漆。以上均系在执法现场按法定程序调查取得，证明当事人未取得道路危险货物运输许可，擅自从事道路危险货物运输违法事实的证据材料。

（二）对法律依据选择理由的说明

（1）天那水和油漆在国家标准《危险货物品名表》（GB 12268）中属于编号为1263的危险货物，运输天那水和油漆属于道路危险货物运输，故适用《道路危险货物运输管理规定》。

（2）当事人郭某在未取得道路危险货物运输许可情况下，从事危险货物运输，违反了《道路危险货物运输管理规定》第五十九条的规定。

（三）对执法程序的说明

执法人员在执法过程中，依照法定程序，向当事人及有关人员出示了合法执法证件，表明身份，调查收集证据，听取了当事人的陈述和申辩，告知当事人相关权利，送达相关法律文书，作出行政处罚决定，行政处罚程序合法。

四、案件启示

（一）非法从事危险货物运输的行为定性

认定非法从事危险货物运输的行为，应符合两个条件：一是道路危险货物运输经营的企业未取得所在地设区的市级道路运输管理机构颁发的道路危险货物运输许可证；二是从事了危险货物运输，即存在运输危险货物的行为。

（二）道路危险货物运输行为与非法营运的区别

道路危险货物运输行为并不一定要求当事人以营利为目的，只要其未取得许可而从事危险货物运输即违法；但非法营运的构成要件则必须是当事人有收取车费的行为或者意思表示等营利行为。

（一）道路危险货物运输经营许可

1. 从事道路危险货物运输的条件

申请从事道路危险货物运输经营，应当具备下列条件。

（1）有符合要求的专用车辆及设备；

（2）有符合要求的停车场地；

（3）有符合要求的从业人员和安全管理人员；

（4）有健全的安全生产管理制度。

2. 从事道路危险货物运输的许可程序

（1）要求提交的申请材料。道路运输管理机构应要求申请从事道路危险货物运输经营或从事非经营性道路危险货物运输的申请人提供相关材料。

（2）申请材料审查。设区的市级道路运输管理机构应当按照要求对申请材料的完整性、真实性进行审查。

（3）现场勘查。受理申请的道路运输管理机构应当派2名以上工作人员到提交申请的企业或单位实地核查，对照申请人提交的材料现场核实有关情况。

（4）许可决定。道路运输管理机构应当自受理之日起20个工作日内，按照公开、公平、公正的原则，经集体研究讨论，作出许可或不予许可的决定。

（5）发放《道路运输经营许可证》及《道路危险货物运输许可证》。道路运输管理机构应当凭《道路危险货物运输行政许可决定书》在10个工作日内向道路危险货物运输经营申请人核发《道路运输经营许可证》，向非经营性道路危险货物运输申请人核发《道路危险货物运输许可证》。被许可人持《道路运输经营许可证》或者《道路危险货物运输许可证》依法向工商行政管理机关办理登记手续。

（6）监督被许可人履行投入专用车辆、设备和相关人员承诺。被许可人应当按照承诺期限落实拟投入专用车辆、设备，原许可机关应当对被许可人落实的专用车辆、设备予以核实，对符合许可条件的专用车辆配发《道路运输证》。被许可人还应当按照承诺期限落实拟聘用的专职安全管理人员、驾驶人员、装卸管理人员和押运人员。

（二）道路危险货物运输经营管理

道路运输管理机构应当加强对道路危险货物运输经营活动的监督检查，督促道路危险货物运输经营者遵守以下规定。

（1）道路危险货物运输企业或者单位应当严格按照道路运输管理机构决定的许可事项从事道路危险货物运输活动，不得转让、出租道路危险货物运输许可证件。严禁非经营性道路危险货物运输单位从事道路危险货物运输经营活动。

（2）不得使用罐式专用车辆或者运输有毒、感染性、腐蚀性危险货物的专用车辆运输普通货物。不得将危险货物与普通货物混装运输。

（3）道路危险货物运输企业或者单位不得运输法律、行政法规禁止运输的货物。法律、行政法规规定的限运、凭证运输货物，道路危险货物运输企业或者单位应当按照有关规定办理相关运输手续。

法律、行政法规规定托运人必须办理有关手续后方可运输的危险货物，道路危险货物运输企业应当查验有关手续齐全有效后方可承运。

（4）严禁专用车辆违反国家有关规定超载、超限运输。

（5）道路危险货物运输企业或者单位应当通过卫星定位监控平台或者监控终端及时纠正和处理超速行驶、疲劳驾驶、不按规定线路行驶等违法违规驾驶行为。

（6）道路危险货物运输企业或者单位应当为其承运的危险货物投保承运人责任险。

二、道路危险货物运输车辆管理

从事道路危险货物运输必须要配备专用车辆，危险货物专用运输车辆除了要满足一般货物运输车辆的要求外，还要根据承运的危险货物的不同种类，满足特定的要求。危险货物运输车辆要定期进行检测和审验，保证车辆性能和结构满足运输的要求。危险货物运输车辆还要做到专车专用，不得违法改变危险货物运输车辆的用途。

案例链接

危险货物专运车辆可否运输普通货物

一、案件介绍

2013年10月15日，某运输公司为其客户运送推车式灭火器，车辆行驶至一检查站时，被运输管理处的工作人员查获，发现该危险品车辆装载了25罐推车式水基型灭火器和20只空桶。运输管理处以该运输公司利用运输危险品车辆装载普通货物，超越核定经营范围为由，对其罚款6000元，并责令即日改正。运输公司不服向法院起诉。

运输公司在法庭上称："我公司运输的危险品都是有包装的，这次运输的普通货物不是食品、日用品，也没有造成任何不良的后果。"运输公司认为运输管理处执法人员的操作程序有异议，认为执法不规范，且认为6000元的罚款应举行听证程序。

运输管理处答辩称，工作人员例行检查时，发现接受检查的中型普通载货汽车的核准经营范围是：道路危险货物运输（3类，6类1项，8类，剧毒化学品除外）。当日，该车运输的货物为普通货物，运输公司的行为违反了《道路危险货物运输管理规定》第三十三条中"不得使用罐式专用车辆或者运输有毒、感染性、腐蚀性危险货物的专用车辆运输普通货物。"的规定，作出对运输公司的违法行为给予罚款6000元并责令即日改正的具体行政行为事实清楚、证据确凿、程序合法。

法院审理后认为，根据中华人民共和国国家标准《危险货物分类和品名编号》的相关规定，运输公司车辆装载的灭火器和空桶，不属于危险品范围，运输确实存在超越核定经营范围的事实。运输管理处根据《道路危险货物运输管理规定》的规定，对运输公司的处罚决定事实清楚，程序合法，故判决维持运输管理处的行政处罚决定。

二、案件分析

（一）关于专车专用的规定

危险货物运输是特种运输的一种，是指由专用车辆和专门技术人员对含有爆炸、易燃、毒害、腐蚀和放射性的货物进行的运输。只有经过国家相关职能部门严格审核，并且拥有相应人员和设备，能保证安全运输危险货物的企业和组织，才能有资格进行危险货物运输。

从交通运输安全角度出发，危险货物卸车后应清扫车上残留物，被危险货物污染过的车辆及工具必须洗刷清毒。为了防止普通货物受有毒、感染性、腐蚀性、放射性危险货物的污染，《道路危险货物运输管理规定》第三十三条规定了危险货物运输车辆不得运输普通货物。

（二）关于举行听证的条件

运输公司认为罚款6000元需经听证程序。根据《行政处罚法》第四十二条规定：行政机关作出责令停产停业、吊销许可证或者执照、较大数额罚款等行政处罚决定之前，应当告知当事人有要求举证听证的权利。

由于我国各地区的政治、经济、文化等发展不平衡，同时各行政部门实施处罚的领域也不同，所以在行政处罚中对"较大数额"的规定也有差别。一般情况下，由各省、自治区、直辖市人大常委会或者人民政府规定各地方的较大数额罚款的标准，再由各有关行政主管部门规定各部门的"较大数额"的标准。

本案所处城市对交通违法行为罚款的"较大数额"的标准是非经营活动中公民违法行为处以500元以上，法人或者其他组织的违法行为处以1000元以上；经营活动中的违法行为处以20000元以上的罚款。本案中对运输公司的经营行为处罚6000元，不符合上述听证条件。

（一）道路危险货物运输车辆技术性能要求

（1）专用车辆技术性能应符合国家标准《营运车辆综合性能要求和检验方法》（GB 18565）的要求；技术等级应达到行业标准《营运车辆技术等级划分和评定要求》（JT/T 198）规定的一级技术等级。

（2）专用车辆外廓尺寸、轴荷和质量应符合国家标准《道路车辆外廓尺寸、轴荷和质量限值》（GB 1589）的要求。

（3）专用车辆燃料消耗量应符合行业标准《营运货车燃料消耗量限值及测量方法》（JT 719）的要求。

（4）应配备有效的通讯工具。

（5）专用车辆应当安装具有行驶记录功能的卫星定位装置。

（6）运输剧毒化学品、爆炸品、易制爆危险化学品的，应当配备罐式、厢式专用车辆或者压力容器等专用容器。

（7）罐式专用车辆的罐体应当经质量检验部门检验合格，且罐体载货后总质量与专用车辆核定载质量相匹配。运输爆炸品、强腐蚀性危险货物的罐式专用车辆的罐体容积不得超过20立方米，运输剧毒化学品的罐式专用车辆的罐体容积不得超过10立方米，但符合国家有关标准的罐式集装箱除外。

（8）运输剧毒化学品、爆炸品、强腐蚀性危险货物的非罐式专用车辆，核定载质量不得超过10吨，但符合国家有关标准的集装箱运输专用车辆除外。

（9）应配备与运输的危险货物性质相适应的安全防护、环境保护和消防设施设备。

（二）道路危险货物运输车辆管理要求

（1）道路危险货物运输企业或者单位应当按照《道路货物运输及站场管理规定》中有关车辆管理的规定，维护、检测、使用和管理专用车辆，确保专用车辆技术状况良好。

（2）设区的市级道路运输管理机构应当定期对专用车辆进行审验，每年审验一次。

（3）专用车辆应当按照《道路运输危险货物车辆标志》(GB 13392)规定的要求装置标志灯、标志牌。

（4）道路运输管理机构对车辆技术等级达不到一级的车辆，不得允许道路危险货物运输企业或单位再使用该车辆从事道路危险货物运输，对经营性危险货物运输车辆类型可从事普通货物运输的应为车辆办理《道路运输证》变更手续；对非经营性危险货物运输车辆则收回《道路运输证》。

（5）监督道路危险货物运输企业按规定安装使用具有行驶记录功能的卫星定位装置，并通过全国重点营运车辆联网联控系统(所在地的监管平台)对其进行适时监管。

（6）督促道路危险货物运输企业随车携带与所运危险货物相符的道路运输危险货物安全卡。

??? 课后思考题

案例1:

2011年4月的一天，某市运政执法人员黄某、周某等在路口执行监督检查任务时，发现一辆营运大货车有擅自改装的嫌疑，执法人员经过现场调查查明，该货车为驾驶员雷某所有，雷某具有道路运输经营许可证，该货车也具有道路运输证，但该车尺寸与道路运输证上标明的尺寸明显不符。

请问：面对这种情况执法人员应该怎样处理？

答：执法人员应询问货车所有人雷某是否擅自对货车进行了改装，并制作询问笔录。还应查验该车的《道路运输证》，对营运车辆进行现场检查，制作《现场检查笔录》，并对车辆进行拍照。在此调查的基础上形成调查终结报告，报告审查无误后可作出《交通行政处罚告知书》，告知雷某拟作出行政处罚决定的事实、理由和依据，并告知其享有陈述、申辩和听证的权利。在规定的日期内如果雷某放弃听证的权利，可对其作出《交通行政处罚决定书》，本案中雷某使用擅自改装的已取得营运证的车辆从事道路运输经营的行为违反了《中华人民共和国道路运输条例》第三十条之规定，应按照《中华人民共和国道路运输条例》第七十条第二款之规定给予处罚。

案例2:

某市运政执法人员检查中发现：一货运公司的货车行驶证核定载质量为10吨，送货单显示该车载质量为15吨，当执法人员要求该车出示道路运输证时，该车驾驶员声称走得急，忘带所有证件，三个小时后，该车驾驶员让其公司的人员将该车道路运输证送到执法人员指定的地点接受处理。

请问：面对此种情况执法人员应如何处理？

答：（1）执法人员可以依据《中华人民共和国道路运输条例》第六十二条关于“对没有车辆营运证又无法当场提供其他有效证明的车辆予以暂扣”的规定对该车予以暂扣，并出具相关凭证。

（2）当事人提供了该车道路运输证后，执法人员应立即解除暂扣措施，可以依据《中华人民共和国道路运输条例》第六十八条关于“不按照规定携带车辆营运证的，处警告或者20元以上200元以下的罚款”的规定进行处罚。

（3）按照《中华人民共和国道路运输条例》第六十一条关于“发现车辆超载行为的，应当立即予以制止，并采取相应措施安排旅客改乘或者强制卸货”的规定，执法人员对该车的超载行为应当予以制止，强制卸货至符合标准后方可放行。

第九章　机动车维修与机动车驾驶员培训管理

机动车维修对保证道路运输车辆运行安全，降低能源消耗，减少环境污染，提高运输服务质量和效率具有重要作用，提供道路运输安全“物”的保证。机动车驾驶员培训是向社会提供合格驾驶员，保证道路运输安全和交通文明的重要基础，提供道路运输安全“人”的保证。因此，道路运输管理机构做好机动车维修与机动车驾驶员培训管理工作对整个道路运输业和社会的健康发展都具有重要意义。

第一节　机动车维修管理

机动车维修是为了确保机动车在使用过程中保持良好的技术状况，延长车辆的使用寿命，改善车辆的工作状况，提升车辆的经济和环保性能，在此基础上提高服务质量和运输效能。因此，做好机动车维修管理工作对保证道路运输经济活动的正常进行和道路交通安全具有重要作用。

一、机动车维修经营许可

案例链接

“一事不再罚”原则的适用

一、案件介绍

2007年5月24日，某市道路运输管理处在监督检查时，发现A汽车维修店未取得维修经营许可，擅自从事机动车维修经营。5月26日，经调查取证，该处认定A维修店违反《中华人民共和国道路运输条例》第三十七条，未取得相应许可从事机动车维修经营；根据《中华人民共和国道路运输条例》第六十五条“未经许可擅自从事道路运输站（场）经营、机动车维修经营、机动车驾驶员培训的，由县级以上道路运输管理机构责令停止经营；有违法所得的，没收违法所得，处违法所得2倍以上10倍以下的罚款；没有违法所得或者违法所得不足1万元的，处2万元以上5万元以下的罚款；构成犯罪的，依法追究刑事责任”，对A店作出罚款2万元和责令停止经营的行政处罚决定；5月30日，A店缴纳了罚款。

2007年6月22日，该处在监督检查中发现，A维修店仍未经许可从事机动车维修经营，事实清楚、证据确凿，拟作出罚款和责令停止经营的行政处罚决定。

二、案件分析

本案的焦点在于市道路运输管理处能否依据《中华人民共和国道路运输条例》第

六十五条，再次对A维修店作出罚款的行政处罚决定。

《行政处罚法》第二十四条规定：对当事人的同一个违法行为，不得给予两次以上罚款的行政处罚。一事不再罚原则是《行政处罚法》中的一项重要原则，目的在于防止重复处罚，体现过罚相当的法律原则，以保护当事人的合法权益。本案的关键就在于分析以下两个问题。

1. 什么是“一事”

这里的“一事”是指同一违法行为，即从其构成要件上只符合一个违法行为的特征。5月26日A维修店以“未取得相应许可从事机动车维修经营”而被处罚。A维修店的这一违法经营行为，是一个连续的违法状态，在较长时间内反复实施。单独看，此类维修经营者的每一次修理行为均可构成一个个独立的违法行为，但因其进行的是同种类违法，所以法律上仍规定为一事，而不是以同类多事分别处罚。所以，5月26日前和5月26日后，A维修店实施的违法行为属于“同一违法事实”，适用一事不再罚原则。

2. “不再罚”的规定

不再罚指对行政相对人的同一违法行为进行处罚后，不得给予第二次及以上罚款的处罚。本案中该道路运输管理处可以认定其未取得相应经营许可从事机动车维修经营，但不得再次作出罚款的行政处罚决定。该店的违法行为是一个连续状态，根据《行政处罚法》“同一违法行为不得给予两次以上罚款”的规定，同时考虑要对违法行为进行制止，可以作出除罚款外的其他行政处罚，如责令停止违法行为等。

在道路运输执法实践中，罚款是较为常用的处罚形式。由于执法人员在罚款上的自由裁量权较大，为了限制行政机关的随意性，从立法源头上限制和杜绝乱罚款、滥处罚现象，《行政处罚法》作出“一事不再罚”的特别规定，使违法行为与行政处罚相适应，保证公正处罚。在执法过程中道路运输行政执法人员要慎用罚款这一行政处罚种类，坚持“一事不再罚”的原则。

（一）许可条件

申请从事机动车维修经营业务的，县级道路运输管理机构应当审查申请人是否符合下列条件。

（1）有与其经营业务相适应的维修车辆停车场和生产厂房。

（2）有与其经营业务相适应的设备、设施。

（3）有必要的技术人员。

（4）有健全的维修管理制度。

（5）有必要的环境保护措施。

申请从事危险货物运输车辆维修业务的，除应具备汽车维修经营一类维修经营业务的开业条件外，道路运输管理机构还应当审查申请人是否符合下列条件。

（1）有与其作业内容相适应的专用维修车间和设备、设施，并设置明显的指示性标志。

（2）有完善的突发事件应急预案，应急预案包括报告程序、应急指挥以及处置措施等内容。

（3）有相应的安全管理人员。

（4）有齐全的安全操作规程。

（二）许可程序

（1）提交要求的申请材料。

（2）申请材料形式审查及处置。道路运输管理机构应当对申请材料的完整性进行审查。

（3）受理公示。道路运输管理机构对材料齐全且符合法定形式的机动车维修经营申请，在本机构网站或办公场所进行公示，公示期限为5日。

（4）实质性审查。受理机动车维修经营申请后，道路运输管理机构应当对申请材料中关于机动车维修经营场地、设施设备等实质内容进行核实，并对照各项业务的许可条件进行审查。

（5）许可决定。道路运输管理机构应当自受理申请之日起15个工作日内作出许可或不予许可的决定。

（6）许可结果公告。许可决定书下达后，道路运输管理机构应当将许可结果在其网站或办公场所予以公布，接受社会监督，方便公众查阅。

（7）机动车维修许可证件发放。道路运输管理机构作出准予行政许可决定后，应当在10个工作日内向被许可人颁发机动车维修经营许可证件，明确许可事项。

二、机动车维修经营管理

案例链接

事实不清证据不足　行政处罚被复议撤销

一、案件介绍

某市交通局在检查时，发现甲店涉嫌未取得道路运输经营许可证从事洗车业务，遂对甲店违法从事洗车业务进行立案调查，在对甲店进行调查和对员工乙制作《询问笔录》后作出《行政处罚决定书》，认定甲店未经许可擅自从事机动车维修经营，决定对甲店罚款2万元。甲店不服，店主遂委托其亲属罗某申请行政复议。

复议机关经审查，认为根据《道路运输条例》第七条的规定，市交通局对本案作出行政处罚符合其职能。但该局在调查时，在有明显线索的情况下，没有针对甲店所直接从事的维修业务活动进行调查；也未就相关违法事实向店主本人核实。仅在对甲店员工乙制作《询问笔录》后就作出《行政处罚决定书》。经复议委员会集中审查和议决，参会委员一致认为本案调查取证过程草率、主要事实不清、证据不足。根据《行政复议法》第二十八条第一款第（三）项、《行政复议法实施条例》第四十九条第一款规定，复议机关决定撤销上述处罚决定，并责令该局60日内重新作出处罚决定。

二、案件分析

行政机关作出行政处罚时，应当做到事实清楚，证据确凿充分。被处罚人是否有违法从事相关业务、实际经营时间、经营收入等情节均直接影响处罚幅度，故行政机关应当全面调查。此外，对于行政处罚案件，不向被处罚人直接调查情况，仅向证人作调查，证据明显不足。由于本案行政处罚认定事实不清，证据不足，故复议机关最终决定撤销该项行政处罚，并责令行政机关限期重新处理。

关于本案还需要思考以下几个问题。

1. 申请行政复议是否必须亲自到场?

根据法律规定，当事人可以委托一至两名代理人代为申请行政复议；也可以通过邮寄等方式递交复议申请材料。

2. 行政复议委员会对行政复议案件的审理方式是怎样的?

复议案件受理后，由复议委员会办公室指派2名以上复议人员组成案件审查小组，采取书面审理、实地调查、召开听证会等方式展开案件审理工作。案件审查小组认为复议案件重大、疑难、复杂的，经复议委员会办公室主任同意后，提交复议委员会议决。议决案件采用记名投票表决方式，以过半数的参会委员表决通过处理意见和其他议决事项。

道路运输管理机构应当加强对机动车维修市场的监管，规范机动车维修经营行为。

（一）机动车维修市场管理

（1）查处违反机动车维修经营许可的行为。

（2）查处违反机动车维修经营规范的行为。

（3）查处违反机动车维修从业人员管理规定的行为等。

（二）机动车维修经营管理

（1）督促机动车维修经营者在经营作业场所的醒目位置悬挂《机动车维修标志牌》。《机动车维修标志牌》由机动车维修经营者按照统一式样自行制作。

（2）督促机动车维修经营者在业务接待室等场所醒目位置公示规定的信息。

（3）督促机动车维修经营者按照国家的有关规定处理机动车维修产生的废弃物。

（4）监督机动车维修经营者公布机动车维修工时定额和工时单价收费标准，合理收取费用。

（5）督促机动车维修经营者根据车辆进厂检验结果和客户需求，按自愿、合法、适用的原则，与客户协商签订机动车维修合同，使用维修记录和规定的结算票据，车辆竣工出厂时，向托修方交付竣工出厂合格证、全国统一格式的维修结算清单。

（6）引导和监督机动车维修经营者应用信息化技术经营管理企业。

（7）道路运输管理机构应当督促机动车维修经营者按照规定定期报送统计资料。

（8）督促机动车维修经营者明示原厂配件、副厂配件和修复件并明码标价，提供配件产地、生产厂家名称、质量保证期、联系电话等相关信息资料，供客户查询。

（9）督促机动车维修经营者建立和公示维修服务流程，并按《机动车维修服务规范》(JT/T 816)做好客户维修接待、进厂检验、合同签订、结算交车、返修与抱怨处理以及跟踪服务等各环节的服务工作。

（10）督促机动车维修经营者按照《机动车维修服务规范》(JT/T 816)做好人员管理、设备设施管理、配件管理、安全管理、环保管理、现场管理、资料档案管理、服务质量控制等服务和质量管理工作。

三、机动车维修质量管理

使用劣质配件维修报废车辆行政处罚案

一、案件介绍

张某在某县开办了一个汽车专项维修部，主要从事汽车部件及日用金属制品的焊接、氧割工艺的加工修理。某日王某找到张某，要求张某对其出租汽车破裂部分进行焊接，张某经检查发现该车不仅车壳破裂，而且其底盘大梁等多处开焊、变形。王某要求张某修补轿壳、加固底盘，张某第二天就开始对此车焊修，并到废旧金属回收公司买来旧车底盘骨架、旧车壳，利用其焊接、氧割技术开始对该车车架、车厢进行拼装、挖补、焊接。

县运管所维修管理部门在检查时发现了张某拼装、焊接的出租汽车和其使用的材料，马上对张某的行为进行了制止，并责令张某停业整顿，立即改正违法行为，3日内对此事作出书面解释报运管所。

在规定期限内张某既未向运管所作出书面解释，也未停业整顿，5日后在运管所维修管理部门对其再次检查时，发现张某仍旧对该车进行拼装、焊接。运管所维修管理工作人员向所领导汇报并经运管所领导同意，依据《中华人民共和国道路运输条例》第七十二条之规定对张某下达了《交通行政处罚决定书》，决定吊销张某维修行业经营许可证，没收其非法改装的报废车辆，并处罚款2万元。

二、案件诉讼过程

张某不服，遂向某县人民法院提起行政诉讼。人民法院审查后立案受理。县运管所收到法院应诉通知和张某诉状副本后，在法定期限里提出了应诉答辩状。

原告张某诉称：其应客户要求对汽车底盘、轿壳破裂处进行焊接、修补，其焊修行为也未超出运管所维修管理部门核定的维修范围，运管所对其吊销经营许可证，罚款2万元的行政处罚无依据，要求撤销被告的处罚决定。

被告辩称：张某用回收的废旧金属对车辆的底盘和车架进行焊接和拼装，其行为违反《中华人民共和国道路运输条例》第四十三条“机动车维修经营者应当按照国家有关技术规范对机动车进行维修，保证维修质量，不得使用假冒伪劣配件维修机动车”的规定。同时，原告张某对王某承修的出租汽车，并非普通的焊修，而是对已成报废状态营运车辆的底盘、车厢等部分进行氧割、拼装、挖补，其行为违反《中华人民共和国道路运输条例》第四十五条“机动车维修经营者不得承修已报废的机动车，不得擅自改装机动车”的规定。张某对该报废车辆使用废旧回收材料进行焊接、拼装的行为已经触犯了《中华人民共和国道路运输条例》第四十三、四十五条的规定，运管所依据《中华人民共和国道路运输条例》第七十二条对其作出行政处罚，运用法律依据准确，执法程序合法，请人民法院予以维持。

县人民法院经审理作出一审判决，维持县运管所作出的《交通行政处罚决定书》。

三、案例分析

关于本案我们需要关注两个主要问题。

1. 国家规定的汽车报废标准是什么？

2013年5月1日起施行的《机动车强制报废标准》规定，已注册机动车有下列情形之一的应当强制报废，其所有人应当将机动车交售给报废机动车回收拆解企业，由报废机动车回收拆解企业按规定进行登记、拆解、销毁等处理，并将报废机动车登记证书、号牌、行驶证交公安机关交通管理部门注销：

（1）达到规定使用年限的；

（2）经修理和调整仍不符合机动车安全技术国家标准对在用车有关要求的；

（3）经修理和调整或者采用控制技术后，向大气排放污染物或者噪声仍不符合国家标准对在用车有关要求的；

（4）在检验有效期届满后连续3个机动车检验周期内未取得机动车检验合格标志的。

以上第一条“规定使用年限”对出租汽车的规定是：小、微型出租客运汽车使用8年，中型出租客运汽车使用10年，大型出租客运汽车使用12年。本案中，通过查看车辆的登记信息，发现王某交予张某维修的出租汽车已经超过8年的规定使用年限。而且该出租轿车不仅车壳破裂，而且其底盘大梁等多处开焊、变形，已经不符合机动车安全技术国家标准的要求。综上，张某承修的出租汽车属于已经达到报废标准的车辆。

2. 什么是擅自改装行为？

本案另一个需要关注的问题是张某对已成报废状态的底盘、车厢等部分进行切割、拼装、挖补的行为是否属于擅自改装机动车的行为？在违法改装机动车中，主要有两种情况：一是，车主擅自改装机动车；二是，请机动车维修经营者或者其他人员帮助改装机动车。在查实的违法行为中，机动车维修经营者擅自改装机动车的情况比较多见，因此《中华人民共和国道路运输条例》明确规定，禁止机动车维修经营者擅自改装机动车。擅自改装机动车，是指未经批准，随意对机动车进行改装，不包括合法改装机动车。以下几种情况在不影响安全和识别号牌的情况下，改装机动车不需要批准：

（1）小型、微型载客汽车加装前后防撞装置；

（2）货运机动车加装防风罩、水箱、工具箱、备胎架等；

（3）增加机动车车内装饰。

凡不属于以上情况的机动车改装，需要报车辆管理机构等部门批准和登记，否则应认定为擅自改装行为。

本案张某在对该车进行检查时已经发现该车不仅车壳破裂，而且其底盘大梁等多处开焊、变形，其应当知道该车已严重损坏无法修复，属于报废车辆，其仍然利用废旧金属回收公司买来的旧车底盘骨架、旧车壳，对该车车架、车厢进行拼装、挖补、焊接。其违法行为确实，主观过错明显。其行为违反了《中华人民共和国道路运输条例》第四十三、四十五条的规定。运管机构依照《中华人民共和国道路运输条例》第七十二条规定给予吊销张某维修行业经营许可证，没收其非法改装的报废车辆、并处罚金2万元的行政处罚是合法和适当的。执法人员在处理此类案件时要注意以下几个问题：

（1）要掌握一定的机动车维修技术知识，如对擅自改装的认定；

（2）要熟知国家关于机动车报废标准的有关规定；

（3）要正确理解和运用法规关于处罚的尺度，正确行使自由裁量权。

四、法律适用

《中华人民共和国道路交通安全法》

第十六条　任何单位或者个人不得有下列行为：

（1）拼装机动车或者擅自改变机动车已登记的结构、构造或者特征；

（2）改变机动车型号、发动机型号、车架号或者车辆识别代号；

（3）伪造、变造或者使用伪造、变造的机动车登记证书、号牌、行驶证、检验合格标志、保险标志；

（4）使用其他机动车的登记证书、号牌、行驶证、检验合格标志、保险标志。

《中华人民共和国道路运输条例》

第七十二条　机动车维修经营者使用假冒伪劣配件维修机动车，承修已报废的机动车或者擅自改装机动车的，由县级以上道路运输管理机构责令改正；有违法所得的，没收违法所得，处违法所得2倍以上10倍以下的罚款；没有违法所得或者违法所得不足1万元的，处2万元以上5万元以下的罚款，没收假冒伪劣配件及报废车辆；情节严重的，由原许可机关吊销其经营许可；构成犯罪的，依法追究刑事责任。

道路运输管理机构应当督促机动车维修经营者加强和规范质量管理工作，不断提高维修服务水平。

（1）督促机动车维修经营者严格按照国家、行业或者地方标准和规范维修机动车。

（2）监督机动车维修经营者使用正规的配件维修机动车，查处机动车维修经营者使用假冒伪劣配件维修机动车的行为。

（3）督促机动车维修经营者在进行机动车二级维护、总成修理、整车修理作业时，严格实行维修前诊断检验、维修过程检验和竣工质量检验制度，并严格执行《机动车维修服务规范》。

（4）督促承担机动车维修竣工质量检验的机动车维修企业或机动车综合性能检测机构使用符合有关标准并在检定有效期内的设备，按照有关标准进行检测，如实提供检测结果证明，并对检测结果承担法律责任。

（5）加强对机动车维修经营的质量监督和管理工作，可委托具有法定资格的机动车维修质量监督检验中心对机动车维修质量进行监督检验。

（6）加强对机动车维修专业技术人员的管理，严格执行专业技术人员考试和管理制度。

第二节　机动车驾驶员培训管理

机动车驾驶培训业务是指培训学员的机动车驾驶能力或者培训道路运输驾驶人员的从业能力，为社会提供有偿驾驶培训服务的活动，同时还包括机动车驾驶员培训教练场经营业务。人是参与道路交通的重要因素，也是导致交通事故的主要因素，驾驶员培训质量对增强驾驶员参与交通的素质，减少交通事故，保证交通安全具有十分重要的作用。

一、机动车驾驶员培训经营许可

不满运管对驾校的行政许可提起行政复议

一、案件介绍

2008年7月19日，何某等人向县运管所递交申办A驾校的有关资料。7月22日，县运管所接到B驾校举报称A驾校未参照中华人民共和国交通行业标准《机动车驾驶培训机构资格条件》（JT/T 433）的要求安装培训学时计算机计时管理系统，也未配备教学磁板。县运管所于8月3日向B驾校送达了“征求意见通知书”并作出《××省道路运输行政许可决定书》，准许A驾校从事机动车驾驶员培训（综合类三级）。8月10日B驾校认为县运管所非法降低驾校审批标准，而且在作出行政许可行为之前，未依法组织听证。遂以县运管所对A驾校的行政许可程序违法为由，向县人民政府提起行政复议，请求撤销县运管所对A驾校的开业许可。

县政府法制办接到B驾校的行政复议申请后作出《行政复议案件受理通知书》决定受理该案，并将A驾校列为第三人向其送达了行政复议案件受理通知书。

9月8日，A驾校接到行政复议案件受理通知书后向省政府报送《县A驾校请求依法制止县政府不当行政复议行为的申诉》，认为：A驾校的成立不损害B驾校的利益，B驾校不是对A驾校授予行政许可的利害关系人，县政府受理该行政复议申请不当，应当终止。

二、案件分析

1. B驾校是否具有申请行政复议的资格？

《中华人民共和国行政复议法》第九条规定：公民、法人或者其他组织认为行政机关的具体行政行为侵犯其合法权益的，可以提起行政复议。根据该条规定，成为行政复议申请人应当符合三点要求：（1）应当是某种具体行政行为所指向的公民、法人或者其他组织。亦即只有作为行政管理相对人的公民、法人或者其他组织，才具有提起行政复议申请的资格。（2）应当是与所要复议的具体行政行为有直接利害关系的行政管理相对人，即认为所要复议的具体行政行为侵犯其合法权益的公民、法人或者其他组织。（3）具体行政行为所侵犯的应是行政复议申请人的合法权益，而不是他人的合法权益，即具体行政行为侵犯了谁的合法权益，谁才有申请复议的资格。可见，行政管理相对人身份是具备行政复议申请人资格的前提，是申请行政复议的基本要求。

B驾校提出的行政复议请求是撤销县运管所依法准予A驾校从事机动车驾驶培训（综合类三级）的行政许可决定。而该行政许可的具体行政行为所指向的对象是何某等人的经营许可申请，何某等人是行政管理相对人。B驾校在这个行政管理关系中不具备任何主体身份，也不是该具体行政行为的对象。同时，根据《中华人民共和国道路运输条例》的规定，申请从事机动车驾驶员培训属于没有数量限制的行政许可，县运管所的行政许可行为是针对行政管理相对人何某等人作出的，对B驾校不产生任何约束和侵害，B驾校与县运管所许可何某等人申办A驾校的具体行政行为没有法律上的利害关系，故B驾校作为该行政复议案件申请人的主体资格不适格，B驾校不具备提出行政复议申请的主体资格。

2. 县运管所能否在未对B驾校作出书面回复的情况下作出许可决定？

县运管所向B驾校送达的是“征求意见通知书”，对于被征求意见人所提的意见采纳与否、是否需要书面予以回复，在法律、法规未作明确规定的情况下，县运管所作出行政许可的行为并无程序不当。

3. 县运管所在作出行政许可决定之前是否应进行听证？

《中华人民共和国行政许可法》第四十七条关于听证是这样规定的：行政许可直接涉及申请人与他人之间重大利益关系的，行政机关在作出行政许可决定前，应当告知申请人、利害关系人享有要求听证的权利。行政机关实施行政许可直接涉及他人重大利益的情形主要是指直接关系他人公共安全、他人人身健康、生命财产安全及其他有关利益等，其目的是为了保护公共利益和他人的合法权益。县运管所所实施的行政许可不直接涉及其他驾校的重大利益，同时该行政许可不会对公共安全产生重大影响，不属于涉及公共利益的重大行政许可事项，依法可以不举行听证。

4. 行业推荐性标准是不是该行政许可的必备要件？

中华人民共和国交通行业标准《机动车驾驶培训机构资格条件》（JT/T 433）属行业推荐性标准。《中华人民共和国标准化法》第十四条规定：强制性标准，必须执行。推荐性标准，国家鼓励企业自愿采用。所以，县运管所可以不以推荐性标准规定的条件作为做出行政许可的必要条件。

5. 县政府撤销县运管所行政许可的行为是否合法？

县政府无法定理由而撤销县运管所作出的行政许可，且未对撤销行政许可后给当事人造成的损失等一系列问题依法进行妥善处理，违背政府诚信原则。国家对驾驶培训市场已经放开，对驾驶学校的设立已没有数量限制，政府进行干预妨碍竞争、保护垄断的行为，违背了市场经济公平竞争原则。

三、本案结果

省政府认为根据《中华人民共和国道路运输条例》的规定，许可从事机动车驾驶员培训是没有数量限制的行政许可。县运管所的行政许可行为是针对行政管理相对人何某等人作出的，B驾校与县运管所许可何某申办A驾校的具体行政行为没有法律上的利害关系。故该行政复议案件中申请人的主体资格不适格，依照《中华人民共和国行政复议法》第九条的规定，此行政复议案应予终止。

案例链接

在未经核定的场地从事驾培如何处罚？

一、案件介绍

某日，A县道路运输管理所在上路检查时，发现甲某驾驶一辆教练车，在A县某地从事机动车驾驶培训经营活动。经查，甲某驾驶的教练车属于毗邻的B县某机动车驾驶员培训学校，甲某是该校聘用的教学人员，在教学过程中未经学校允许擅自到A地从事驾驶培训活动，该教学场地也未经过A县道路运输管理所的核准。因此，执法人员进行了立案调查。

根据该省道路运输管理条例的规定，机动车驾驶员培训经营者不得在未经道路运输管理机构核准的教学场地内进行培训活动。机动车驾驶员培训经营者或教学人员在未经核定的教学场地从事驾驶培训活动的，由县级以上道路运输管理机构责令改正，处1000元以上3000元以下罚款；情节严重的，由原许可机关并处吊销机动车驾驶员培训经营许可证件。

二、案件分析

本案焦点在于教学人员的行为属于在未经核定的场地从事驾驶培训活动，还是未取得相应许可从事机动车驾驶培训经营。

《中华人民共和国道路运输条例》第三十八条规定，申请从事机动车驾驶员培训的，应当具备下列条件：

（1）健全的培训机构和管理制度；

（2）与培训业务相适应的教学人员、管理人员；

（3）必要的教学车辆和其他教学设施、设备、场地。

本案中，甲某所在的B县某机动车驾驶员培训学校满足以上条件，已经获得B县道路运输管理机构许可，取得了机动车驾驶员培训的经营资质，属于合法的经营企业。其所属的教练车辆具备从事驾驶员培训的资格，而且甲某是B县某机动车驾驶员培训学校的正规教练员，具有教练员证，具备从事机动车驾驶培训教学的资格。只是甲某在教学活动中，开展教学活动的教学地点未经相关部门核准，违反了该省道路运输管理条例“机动车驾驶员培训经营者或教学人员在未经核定的教学场地或者利用非教练车从事驾驶培训经营活动的，由县级以上道路运输管理机构责令改正，处1000元以上3000元以下罚款；情节严重的，由原许可机关并处吊销机动车驾驶员培训经营许可证件”的规定，所以应当按照在未经核定的场地从事驾驶员培训教学活动进行处罚。

（一）机动车驾驶员培训经营许可条件

道路运输管理机构受理机动车驾驶员培训经营许可申请，应当审查申请人的相关条件：

（1）有健全的培训机构；

（2）有健全的管理制度；

（3）有与培训业务相适应的教学人员；

（4）有与培训业务相适应的管理人员；

（5）有必要的教学车辆；

（6）有必要的教学设施、设备和场地。

申请从事机动车驾驶员培训教练场经营的，道路运输管理机构应当审查申请人是否符合以下条件：

（1）有与经营业务相适应的教练场地；

（2）有与经营业务相适应的场地设施、设备，办公、教学、生活设施以及维护服务设施；

（3）具备相应的安全条件；

（4）有相应的管理人员；

（5）有健全的安全管理制度。

（二）机动车驾驶员培训许可程序

（1）申请人提交要求的材料。

（2）申请材料形式审查及处置。道路运输管理机构应当对申请材料的完整性进行审查。

（3）实质性审查。对已受理的申请，道路运输管理机构应当对申请材料中关于教练场地、教学车辆以及各种设施、设备的实质内容进行核实。

（4）许可决定。道路运输管理机构对机动车驾驶员培训业务申请予以受理的，应当自受理申请之日起15个工作日内审核完毕，并按照规定程序作出许可或者不予许可的决定。

（5）许可结果公告。许可决定书下达后，道路运输管理机构应当将许可结果在其网站或办公场所予以公布，接受社会监督、查阅。

（6）证件发放。对作出许可决定的，道路运输管理机构应当在10个工作日内向被许可人核发机动车驾驶员培训许可证件。

二、培训教学监督管理

案例链接

驾培学校不按教学计划教学行政处罚案

一、案件介绍

2009年3月10日，某机动车驾驶培训学校的两名教练员不按规定的教学大纲进行教学，使用两辆教练车从事与教学计划安排不相符的教学活动，且部分学员无《教学日志》，被运政执法人员查获，并现场对2名教练员和12名学员制作了询问笔录，复印了教练员现场提供的教学计划和《教学日志》，依法暂扣车辆的《教练车证》和两名教练员的《教练员证》。运政执法人员以教练员、学员的询问笔录和教学计划、《教学日志》复印件为证据，以该校不按教学计划教学为由，依据《中华人民共和国道路运输条例》和《机动车驾驶员培训管理规定》的相关规定，责令驾校和两名教练员限期改正违规行为。

二、案件分析

该案件事实清楚，证据充分，程序合法，应用条款适当。执法人员在取证过程中收集证据全面，形成有效证据链条，做到了有理有据，以事实为依据，以法律为准绳，维护了机动车驾驶员培训市场秩序，保护了各方当事人的合法权益，保障了培训质量，为道路运输安全做出了应尽的职责。

该案件充分体现了依法行政，文明执法的要求，运政执法人员严格依照法定程序对案件进行查处，程序合法，适用法律准确、适当，处罚合法合理。

道路运输管理机构应当加强对机动车驾驶员培训教学的监督，保证培训质量。

（1）应当经常深入教学第一线，检查督促机动车驾驶员培训机构严格执行公安部、交通运输部发布的《驾驶员培训教学大纲》，按照要求填写《教学日志》和《培训记录》，对已实行计算机计时培训管理系统的省份，应按实际教学情况记录学时。

（2）机动车驾驶员培训机构在道路上进行培训活动时，应严格遵守公安交通管理部门指定的路线和时间，并在教练员随车指导下进行，与教学无关的人员不得乘坐教学车辆。所配备的教学车辆应当符合国家有关技术标准要求，并装有副后视镜、副制动踏板、灭火器及其他安全防护装置。

（3）机动车驾驶员培训机构应按规定向完成培训学习的学员颁发由省级道路运输管理机构按照全国统一式样印制并编号的《机动车驾驶员培训结业证书》。

（4）机动车驾驶员培训机构应按有关规定报送《培训记录》以及有关统计资料。《培训记录》应当由获得相应《机动车驾驶培训教练员证》的教练员审核签字。道路运输管理机构应当根据机动车驾驶员培训机构执行教学大纲、颁发《结业证书》等情况，对《培训记录》及统计资料进行严格审查。

（5）督促机动车驾驶员培训机构建立学员档案。

（6）道路运输管理机构应当应用机动车驾驶员计时培训系统，加强培训过程管理，确保培训学时和培训质量。机动车驾驶员计时培训系统要与道路运输管理机构和公安机关交通管理部门相关系统对接，实现信息共享。

（7）道路运输管理机构应当督促机动车驾驶员培训机构安装使用符合要求的计时终端，确保计时终端按照要求上传培训记录信息，并保持终端正常工作。

（8）道路运输管理机构应当根据教学大纲要求，按照培训机构教练员、教练车、教学场地、教学设施设备配备等规模情况和质量信誉考核情况，定期开展培训机构培训能力评估，根据培训能力及培训、服务质量核定其招生人数，并向社会公布。

三、教练员及教学车辆管理

教练员私自招揽学员，用私家车进行培训被罚案

一、案件介绍

黄某于2010年10月8日进入A驾校从事教练员工作，他拥有的一辆轻型普通货车于2010年11月29日转入A驾校作为教练车使用。2011年8月份，黄某买了一辆捷达小轿车打算将轻型普通货车卖掉，把新买的捷达小轿车上成教练车牌。因为申请许可教练车牌的手续还没有办下来，黄某就暂时先将捷达小轿车加装了副刹车，作为教练车使用。2011年8月25日，某市运管处接到群众举报，称黄某未取得培训许可证擅自从事机动车驾驶员培训。该运管处根据举报线索于2011年9月22日对黄某进行现场检查，在对黄某进行询问时，黄某承认利用民用捷达轿车培训驾驶员的违法行为。当天该运管处执法人员根据《中华人民共和国行政处罚法》第三十七条第二款和交通运输部《交通行政处罚程序规定》第十六条第（六）项之规定，开具证据登记保存清单，对黄某的民用捷达小汽车一辆，培训记录本一本进行证据保存。2011年9月27日运管处向黄某送达了《交通违法行为通知书》，黄某收到通知书后，放弃了陈述申辩和要求组织听证的权利，并向运管处申请要求减少罚款数额，鉴于黄某已认识到自己违法行为，运管处依据《中华人民共和国道路运输条例》第六十五条及《中华人民共和国行政处罚法》第二十七条第（一）项之规定，同日依法对黄某作出《交通行政处罚处决定书》，处罚决定：（1）责令停止经营；（2）罚款人民币1万元。

黄某不服运管处作出的行政处罚决定书，在法定期间内，向法院提起行政诉讼。请求：（1）人民法院依法确认运管处的扣车行为违法；（2）人民法院依法确认运管处2011年9月27日作出《交通行政处罚决定书》的行政处罚行为程序违法、实体违法；（3）判决撤销运管处于2011年9月27日作出的《交通行政处罚决定书》并退还罚款1万元及按照人民银行同期贷款利率赔偿利息损失；（4）判决运管处赔偿损失（停车费）300元；（5）判决运管处承担本案全部诉讼费用。

二、诉讼过程

运管处于2011年11月6日向法院提供以下证据，作出被诉具体行政行为的依据和证据。

（1）举报信，以证明黄某非法从事驾驶员培训。

（2）现场录像及文字说明，以证明黄某驾驶民用轿车从事驾驶员培训活动。

（3）证据登记保存清单（包括驾驶培训学员的名单和路考考试安排表），以证明黄某涉嫌未取得经营许可证，擅自从事机动车驾驶员培训。

（4）交通行政案件立案报告。

（5）黄某的身份证、驾驶证、行驶证，以证明黄某所有、所用的捷达车系民用牌，非教练车车牌。

（6）教学记录，以证明黄某确实对教学记录中的学员进行驾驶培训。

（7）2011年9月20日的证明一份，以证明原告从2010年11月份开始一直在A驾校担任教练员。

（8）A驾校2011年9月18日和9月19日的两份证明，以证明①曾某、欧某系A驾校学员，由黄某自主招生、自主培训，并向驾校交纳管理费，由驾校为黄某培训的学员送考；②A驾校未向上述两名学员提供车辆培训。

（9）机动车驾驶证申请表、C1驾照考试费发票。

（10）询问笔录，运管处的两名执法队员对担任A驾校门卫的被询问人进行调查取证，证实黄某驾驶的捷达车在××驾校内培训学员，涉案捷达车不是A驾校的教练车。

（11）对黄某的询问笔录，黄某承认用私家车从事驾驶员培训；至今用该车辆培训了七、八名学员，黄某还承认“因为该车是民用牌不是教学牌，所以没有办理相关证件”。

（12）交通行政案件调查笔录。

（13）《交通违法行为通知书》。

（14）当事人陈述申辩笔录。

（15）减轻行政处罚审批表。

（16）《交通行政处罚决定书》。

（17）交通行政案件结案报告。

（18）暂扣车辆放车凭证。

（19）法律、法规，以证明运管处适用法律、法规正确。

经庭审质证，法院认为以上证据来源和取得方式合法，可以证明案件事实，对其效力法院予以确认，法院认为：

根据《中华人民共和国道路运输条例》第七条的规定：县级以上地方人民政府交通主管部门负责组织领导本行政区域的道路运输管理工作。县级以上道路运输管理机构负责具体实施道路运输管理工作。运管处具有作出行政处罚的法定职责。

根据《机动车驾驶员培训管理规定》第三十九条的规定：机动车驾驶员培训机构应当使用符合标准并取得牌证，具有统一标识的教学车辆。黄某使用未经许可，未获得合法教练车牌证的民用车从事驾驶员培训教学活动，应认定为违规行为。

根据《中华人民共和国行政处罚法》第三十七条的规定：行政机关在收集证据时，可以采取抽样取证的方法；在证据可能灭失或者以后难以取得的情况下，经行政机关负责人批准，可以先行登记保存，并应当在七日内及时作出处理决定，在此期间，当事人或者有关人员不得销毁或者转移证据。本案中，运管处为了证据保存将黄某的民用车登记保存，并在规定的时间内做出了处理决定，因此运管处的扣车行为是对黄某违法行为的合理处置，而非违法扣车行为。

综上，法院判决如下：

（1）维持运管处于2011年9月27日作出的《交通行政处罚决定书》；

（2）驳回黄某要求法院确认运管处于2011年9月10日做出的扣车行为违法的诉讼请求；

（3）驳回黄某要求撤销运管处于2011年9月27日作出的《交通行政处罚决定书》，退还罚款1万元及按照人民银行同期贷款利率赔偿利息损失的诉讼请求；

（4）驳回黄某要求赔偿损失（停车费）300元的诉讼请求。

三、案件分析

本案中运管处能取得诉讼的胜利，关键在于证据的充分和执法程序的合法。

在获取证据上，案件的事实为黄某系A驾校的教练员，却以教练的身份自主招生，使用未办理合法牌照的民用车自主培训学员，其学员由A驾校送考并收取管理费。虽然事实清楚，但如果没有取得合法的证据，在法庭上极可能被驳倒。执法人员在执法时对黄某作了询问笔录，黄某承认了利用民用汽车擅自从事机动车驾驶员培训的事实，并在询问笔录上签了字；且有学员曾某、欧某的证言和车上的驾照申请表，证实了黄某为其培训的事实；并对现场的车辆和人员录了像，有利于证据保存。以上证据合法有效，得到了法院的认可。

在执法程序上，执法人员在作出行政处罚时对黄某作了询问笔录，并告知黄某有陈述申辩和要求组织听证的权利；执法人员制作了交通行政案件调查笔录，记录了整个执法的过程；为了证据保全，执法人员暂扣了涉案车辆，向黄某出具了证据登记保存清单，并在规定的七日内做出了处理决定；运管处向黄某送达了《交通违法行为通知书》，黄某也在送达回证上签字确认；随后制作了《交通行政处罚决定书》，明确告知黄某具有行政复议和行政诉讼的权利，并有效送达给黄某；最后制作了交通行政案件结案报告，记录整个执法过程和所依据的法律法规和相关证据。以上执法程序合法正确，得到了法院的支持。

（一）教练员管理

道路运输管理机构应加强对机动车驾驶培训教练员的管理，规范其教学行为。

（1）道路运输管理机构应当对从事机动车驾驶员培训的教练员持证情况进行检查，对无《机动车驾驶培训教练员证》或准教车型与实际教学车型不一致从事培训教学的行为，予以制止。

（2）督促教练员自觉按照统一的教学大纲规范施教，并如实填写《教学日志》和《中华人民共和国机动车驾驶员培训记录》。已实行计算机计时培训管理系统的省份，应按实际教学情况记录学时。

（3）督促机动车驾驶员培训机构加强对教练员的职业道德教育和驾驶新知识、新技术的再教育，对教练员每年进行至少一周的脱岗培训，提高教练员的职业素质。

（4）督促机动车驾驶员培训机构加强对驾驶培训教练员的管理和教练员教学情况的监督检查，定期对教练员的教学水平和职业道德进行评议，公布教练员的教学质量排行情况，督促教练员提高教学质量，积极推进规范化教学。

（5）省级道路运输管理机构应当制定机动车驾驶培训教练员教学质量信誉考核办法，对机动车驾驶培训教练员实行教学质量信誉考核制度。

（6）省级道路运输管理机构应当建立教练员档案，使用统一的数据库和管理软件，实行计算机联网管理，并依法向社会公开教练员信息。

（二）教学车辆管理

（1）省级道路运输管理机构负责制定并组织实施教学车辆的统一标识。

（2）道路运输管理机构应当监督机动车驾驶员培训机构使用符合标准并取得牌证、具有统一标识的教学车辆。

（3）道路运输管理机构应当要求机动车驾驶员培训机构按照国家有关规定对教学车辆进行定期维护和检测，保持教学车辆性能完好，满足教学和安全行车的要求，并按照国家有关规定及时更新。

（4）道路运输管理机构应当查处机动车驾驶员培训机构使用报废的、检测不合格的和其他不符合国家规定的车辆从事机动车驾驶员培训业务以及随意改变教学车辆用途的行为。

（5）道路运输管理机构应当监督机动车驾驶员培训机构建立教学车辆档案。

??? 课后思考题

案例1:

张先生发现自己的私家小汽车冒黑烟，遂将车送去当地某汽修厂修理。该汽修厂给该车更换某配件后经试车发现冒黑烟现象消除，张先生付给厂家5000元修理费后把车开回家，可是不到一个月上述毛病又出现了。张先生认为存在维修质量问题，于是返回原修理厂要求免费重新维修，但该修理厂不予理会。张先生只好将车送到另一家汽修厂修理。经检查，发现原修理厂修车时使用的是假冒伪劣配件。张先生于是向当地道路运输管理机构投诉。

请问：当地道路运输管理机构接到投诉后应如何处理该案件？

答：道路运输管理机构受理投诉时，应当登记投诉人姓名、单位、联系方式、投诉内容、理由和有关材料以及被投诉人姓名或者单位、地址。

调查取证，按规定程序将原汽修厂为张先生更换的零配件进行鉴定，并收集相关的鉴定证明和其他证据。根据《中华人民共和国道路运输条例》第七十二条的规定，机动车维修经营者使用假冒伪劣配件维修机动车，承修已报废的机动车或者擅自改装机动车的，由县级以上道路运输管理机构责令改正；有违法所得的，没收违法所得，处违法所得2倍以上10倍以下的罚款；没有违法所得或者违法所得不足1万元的，处2万元以上5万元以下的罚款，没收假冒伪劣配件及报废车辆；情节严重的，由原许可机关吊销其经营许可；构成犯罪的，依法追究刑事责任。

受理投诉后，应当自受理投诉之日起15个工作日内处理完毕，并将投诉处理结果及时告知投诉人。对情况复杂的质量投诉，经县级以上道路运输管理机构负责人批准，可以自受理之日起60个工作日内处理完毕，最终处理结果应分别告知投诉人和被投诉人。

对机动车维修质量纠纷，道路运输管理机构还应积极按照维修合同的约定和相关规定进行调解。

案例2:

甲市道路运输管理局接到学员举报，称A驾校在收完学员报名费后，不按照规定的课时进行教学，甚至要求学员再行缴纳上车费后，才能安排学员上车学习。对此，运政执法人员前往该驾校进行实地调查，发现A驾校确实存在向学员乱收费的现象，执法人员在调查取证认定A驾校的违法事实后，对A驾校发出《交通违法行为通知书》，告知拟对其作出的处罚。A驾校接到通知书后，称其经营许可证是乙市道路运输管理机构颁发的，甲市道路运输管理局无权对其进行处罚。

请问：这种情况下，甲市道路运输管理局是否有权对A驾校的违法行为进行处罚？

答：甲市道路运输管理局有权对A驾校的违法行为进行处罚。《机动车驾驶员培训管理规定》第五十条规定：机动车驾驶员培训机构在许可机关管辖区域外违法从事培训活动的，违法行为发生地的道路运输管理机构应当依法对其予以处罚，同时将违法事实、处罚结果抄送许可机关。

第十章　国际道路运输及道路运输从业人员管理

随着国际经济贸易的发展，我国国际道路运输业也呈现出蓬勃发展之势，目前我国已经与比邻的国家建立了几百多条客货运输线路。国际道路运输业的发展带动了我国与周边国家的经济贸易发展和人员交往，对繁荣国家对外经济和加强对外友好关系具有重要作用。

道路运输从业人员指在法律允许的条件下，以合法手段从事道路旅客运输、道路货物运输及相关业务经营的人员。道路运输是生产力三要素的集合，在实际工作中对运输工具、运输对象的管理比较重视，而常常忽视了对劳动力——道路运输从业人员的管理。人是整个社会经济活动的主导者，同样道路运输从业人员也是整个道路运输活动的主导者，道路运输从业人员的素质和能力直接关系着道路运输业的发展。

第一节　国际道路运输管理

由于国际道路运输属于跨境运输，涉及的运输环境和要求要比境内运输复杂得多，道路运输管理机构对国际道路运输行为的管理也应更加严格，从国际道路市场准入到国际道路运输经营的各个方面都要做好正确的引导和管理。

案例链接

新疆开通国际道路运输线路全国第一

新疆地处欧亚大陆腹地，毗邻中亚、西亚和南亚，与蒙古国、俄罗斯、哈萨克斯坦、吉尔吉斯斯坦、塔吉克斯坦、巴基斯坦、阿富汗、印度8个国家接壤，边境线长5600多公里，是我国陆地面积最大、陆地边境线最长、毗邻国家最多的省区。

截止到2014年10月，新疆累计开通国际道路运输线路107条，其中客运线路53条，货运线路54条，国际道路运输企业发展到80多家，国际道路运输车辆发展到7千多辆，运输线路数量、里程长度均居全国第一位。形成以乌鲁木齐为中心，以周边地区为节点，以边境口岸为前沿，向周边国家辐射的多层次、全方位的国际道路运输网络。

随着国际道路运输量的不断增长，国际道路运输服务保障能力也要不断提升，自治区道路运输管理局采取多种措施，确保国际道路运输畅通无阻。

一、“依法治运”。为本地区的国际道路运输事业发展提供法律保障，如颁布实施的《新疆维吾尔自治区道路运输条例》，一方面加强和规范国际道路运输管理工作，对从事国际道路运输经营的中外经营者进行有效监管，明确从事国际道路运输的经营许可要求、车辆要求和单证要求等。另一方面不断提升服务保障能力，提高国际道路运输车辆通关效率，道路运输管理机构在口岸联检厅依法对出入境国际道路运输车辆实施现场监督检查，为国际道路运输经营者提供一站式服务。

二、打造精品线路，努力提高国际道路运输服务水平。在反复讨论和调研的基础上，制定《新疆国际道路旅客运输服务示范工程行动计划》，对国际道路旅客运输精品线路运营提出了服务规范和量化考核标准，对精品线路的运营和服务状况进行定期评估。2013年7月，启动了“丝路使者”——新疆国际道路旅客运输服务示范工程，以点带面，培育一批规范化精品线路，经过近几年来的不断探索完善，规范化精品线路发挥了示范效应，推进了国际道路运输服务水平不断提升，展现了国际道路运输新形象。

三、国际道路运输便利化水平不断提升。及时启动国际道路运输监管与服务信息系统及公路电子口岸建设试点，在霍尔果斯、阿拉山口、都拉塔、塔克什肯4个边境一类口岸和乌鲁木齐市碾子沟国际汽车站、西域轻工基地2个二类口岸开展（一期）工程试点。目前，各口岸系统已进入试运行阶段。保证口岸出入境旅客、重点物资等运输车辆便捷通关。

四、国际道路运输发展环境不断优化。2012年4月，经自治区人民政府批准，新疆口岸国际道路运输管理机构全部进驻口岸联检厅工作区，履行监管职责，与“一关两检”实行一站式服务，提高了口岸通关效率。印发《新疆国际道路运输管理机构查验及服务规范（试行）》，指导口岸管理工作，提高国际货运车辆的标准化率和安全运营系数，治理超限超载行为，优化国际道路运输发展环境。

五、开展应急救援，圆满完成国际援助物资运输任务。与新疆接壤的周边国家经常因国内政治局势动荡、自然灾害、交通事故等不可预测的原因，频繁发生国际道路运输突发事件，为此制定《新疆国际道路运输突发事件应急预案》，圆满地完成了历次援助物资和应急救援运输保障任务。

迅猛发展的国际道路运输事业为新疆经济发展注入了强劲的动力，也为共建丝绸之路经济带提供了坚实的保障。通过各口岸的国际道路运输为新疆对外经贸和文化交流提供了有力的运输保障。

国际道路运输线路开通　7个多小时南宁快巴到河内

2012年8月22日上午，随着两台豪华商务客车从埌东汽车站缓缓驶出，中国南宁至越南河内国际道路运输线路在南宁埌东汽车站举行开通仪式并首发直达快班，标志着中越两国汽车运输进入一个新的发展阶段。

2012年2月17日，中越双方签订了《中华人民共和国政府和越南社会主义共和国政府关于修改中越两国政府汽车运输协定的议定书》、《中华人民共和国政府和越南社会主义共和国政府关于实施中越两国政府汽车运输协定的议定书》（以下简称“两议定书”），中越汽车运输完成了国家层面相关文件的签订，从政策法规层面解决了制约中越国际道路运输发展问题之后，两国间首班直达快班正式开行。

直达班线全程381公里，其中中方境内210公里，越方境内171公里，单程票价148

元，车辆运行时间（含通关时间）约7.5小时，行车路线为中国G7211南友高速公路、越南QL1国道，途经主要地点包括：南宁-凭祥-友谊关口岸（中国）-友谊口岸（越南）-谅山-北江-北宁-河内。

该线路开通运行后，国际直达客运班车经凭祥友谊关口岸直接进入越南境内，不再需要在口岸进行接驳，真正实现“点到点”、“门到门”的运输服务，车辆和乘客在边境口岸分别经过边检通关后继续运行，最后到达终点站（越方起点站）——河内地下水车站。

一、国际道路运输管理职责

（一）交通运输部的主要职责

交通运输部履行以下国际道路运输管理职责：

（1）根据国务院授权，代表中国政府与有关国家政府签订政府间汽车运输协定、议定书等国际条约和法律文件；

（2）制定国际道路运输发展政策、中长期规划和规范性文件并组织实施；

（3）与有关国家相关部门商定开通国际道路运输线路和国际汽车运输行车许可证交换数量；

（4）与有关国家相关部门协调解决中外汽车运输协定、议定书等条约实施过程中出现的问题；

（5）提出口岸国际道路运输管理机构的设置意见；

（6）负责突发事件的国际道路运输组织协调工作；

（7）负责国际道路运输线路的审批和管理工作；

（8）组织制定国际道路运输单证及标志式样。

（二）省级交通运输主管部门的主要职责

省级交通运输主管部门履行以下国际道路运输管理职责：

（1）实施我国政府与有关国家政府签订的汽车运输协定、议定书等国际条约；

（2）制定本行政区域国际道路运输发展规划；

（3）根据交通运输部或省级人民政府授权，与周边国家政府相关主管部门或地方政府进行会谈，协商双边汽车运输合作事宜；

（4）受交通运输部委托，与有关国家政府交通运输主管部门进行工作洽谈，协调解决国际道路运输有关问题；

（5）审核本行政区域与周边国家间的国际道路运输线路，并按照规定报交通运输部审批；

（6）会同地方政府，向交通运输部和省级人民政府提出本行政区域内口岸国际道路运输管理机构的设置意见等。

（三）省级道路运输管理机构的主要职责

省级道路运输管理机构履行以下国际道路运输管理职责：

（1）负责国际道路运输经营行政许可；

（2）负责国际汽车运输行车许可证的印制、交换、发放和使用管理；

（3）印制、发放国际汽车运输单证、国籍识别标志；

（4）与有关国家执行机构交换有关运输企业、车辆、驾驶员等信息，协调解决国际道路运输有关问题；

（5）受理外国运输车辆进入我国境内进行超限运输或危险品运输的申请及国际汽车运输特别行车许可证的发放；

（6）维护国际道路运输市场秩序；

（7）报送国际道路运输统计资料等。

（四）口岸国际道路运输管理机构的主要职责

口岸国际道路运输管理机构应作为省级道路运输管理机构的派出机构履行以下国际道路运输管理职责：

（1）查验国际道路运输行车许可证、国籍识别标志、国际道路运输有关牌证；

（2）监督检查国际道路运输的经营活动；

（3）协调出入口岸运输车辆的通关事宜；

（4）受省级道路运输管理机构委托在口岸发放国际道路运输单证；

（5）负责有关统计工作；

（6）负责了解出入口岸运输车辆通关情况等。

二、国际道路运输经营许可

（一）国际道路运输经营许可条件

（1）已经取得国内道路运输经营许可证的企业法人。

（2）从事国内道路运输经营满3年，且近3年内未发生重大以上道路交通责任事故。道路交通责任事故是指驾驶人员负同等或者以上责任的交通事故。

（3）符合要求的驾驶人员。从事危险货物运输的驾驶员、装卸管理员、押运员，应当符合危险货物运输管理的有关规定。

（4）拟投入国际道路运输经营的运输车辆技术等级达到一级。

（5）有健全的安全生产管理制度。

（二）国际道路运输经营许可程序

（1）提交要求的申请材料。

（2）申请材料形式审查及处置。省级道路运输管理机构应当按照要求对申请材料的完整性进行审核。

（3）进行许可前公示和现场审查。

（4）许可决定。省级道路运输管理机构对申请人提交的材料进行审查后，应当自受理申请之日起20个工作日内，根据公开、公平、公正的原则，经集体研究讨论，作出许可或不予许可的决定。

（5）发放《道路运输经营许可证》。由省级道路运输管理机构核发申请从事国际道路运输的《道路运输经营许可证》。

（6）监督履行投入运输车辆承诺。被许可人作出投入运输车辆承诺的，道路运输管理机构应当监督被许可人按照承诺书的承诺期限投入运输车辆。

（7）配发《道路运输证》。省级道路运输管理机构应当核实被许可人购置的车辆或者已有的车辆，符合条件的，配发《道路运输证》。

三、国际道路运输管理

（一）对我国国际道路运输企业管理

各级道路运输管理机构应当加强对国际道路运输企业的监督与管理。从事国际道路运输的车辆应当按照规定的口岸通过，进入对方国家境内后，应当按照规定的线路运行。

（二）对外国国际道路运输企业管理

（1）外国国际道路运输企业的车辆在我国境内行驶，应当具有本国的车辆登记号牌、登记证件，驾驶人员应当持有与其驾驶的车辆类别相符的本国或国际驾驶证件。

（2）外国国际道路运输企业的车辆在我国境内应当在规定的站点上下旅客或者按照运输合同商定的地点装卸货物，并按照我国道路运输管理机构指定的停靠站(场)停放。

（3）进入我国境内从事国际道路运输的外国运输车辆，应当符合我国有关运输车辆外廓尺寸、轴荷以及载质量的规定。我国与外国签署有关运输车辆外廓尺寸、轴荷以及载质量具体协议的，按协议执行。

（4）进入我国境内运载不可解体大型物件的外国国际道路运输企业的车辆超限的，应当遵守我国超限运输车辆行驶公路的相关规定，办理相关手续并取得特别行车许可证后，方可在我国境内运输。

（5）进入我国境内运输危险货物的外国国际道路运输企业的车辆，应当符合我国危险货物运输有关法律、法规和规章的规定，办理相关手续并取得特别行车许可证后，方可在我国境内运输。

（6）禁止外国国际道路运输企业从事我国国内道路旅客和货物运输经营。

（7）禁止外国国际道路运输企业在我国境内自行承揽货物或者招揽旅客。

（8）持有我国核发的特别行车许可证的外籍运输车辆，在离开我国国境前，应将特别行车许可证交还给口岸国际道路运输管理机构。

第二节　道路运输从业人员管理

要想提高道路运输业的发展效率和服务水平，就需要培养一支高素质的道路运输从业人员队伍。为此，首先需要搞好从业人员的资格关，从源头上保证从业人员的资格水平；还要不断对从业人员开展继续教育，不断提高在岗人员的从业水平；还要加强对从业人员经营行为的监督，保证道路运输业的健康和有序发展。

一、从业资格及证件管理

案例链接

未取得从业资格证，驾驶道路货运车辆处罚案

一、案件介绍

2011年4月20日，某县运政执法人员李某和邓某在路口进行监督检查时，发现一辆重型普通货车驾驶员谭某未取得相应从业资格证件，驾驶道路货运车辆从事道路货物运输经营。经调查取证，制作《询问笔录》，确认谭某未取得相应从业资格证件，驾驶道路货运车辆的违法行为事实清楚、证据确凿，对谭某作出责令改正、罚款500元的处罚决定。

二、案件分析

谭某未取得道路运输从业人员从业资格证，驾驶道路货运车辆从事道路货物运输的行为，违反了《中华人民共和国道路运输条例》第二十二条和交通运输部《道路运输从业人员管理规定》第十条的规定，从事道路货物运输的驾驶员应取得道路货物运输驾驶员从业资格证。执法人员根据《中华人民共和国道路运输条例》第六十四条和交通运输部《道路运输从业人员管理规定》第四十八条第（一）项规定的情形对谭某作出行政处罚。

1.证据采集合法、可信

在进行案件调查时，执法人员有2人，并向当事人出示了执法证件，采取合法的手段和依照法定的程序，客观、全面收集证据，所有手续完备并对所收集的证据查证属实，当事人对作为定案依据的证据没有异议。

2.处罚依据合理

谭某作为一名从事道路货物运输的驾驶员，是道路运输从业人员，应当遵守《中华人民共和国道路运输条例》和《道路运输从业人员管理规定》等道路运输法规规章。谭某未取得道路运输从业人员从业资格证，驾驶道路货运车辆从事道路货物运输的行为，违反了《中华人民共和国道路运输条例》第二十二条“从事货运经营的驾驶人员，应当符合下列条件：……（三）经设区的市级道路运输管理机构对有关货运法律法规、机动车维修和货物装载保管基本知识考试合格”和交通运输部《道路运输从业人员管理规定》第十条“经营性道路货物运输驾驶员应当符合下列条件：……（四）经考试合格，取得相应的从业资格证件”的规定。该情况适用《中华人民共和国道路运输条例》第六十四条和交通部《道路运输从业人员管理规定》第四十八条第（一）项规定进行处罚。

3.合理行使处罚裁量权

谭某的违法事实清楚，证据确凿、充分。依照《中华人民共和国道路运输条例》第六十四条和交通运输部《道路运输从业人员管理规定》第四十八条第（一）项规定，应当责令改正，并处200元以上2000元以下的罚款。该案违法主体所在地、违法行为发生地均在本市辖区内，市运管处依法具有管辖权，应依照《××市道路运输管理处行政处罚裁量权基准》的相关规定执行。

4.合法告知权利

在进行案件调查时，市运管处执法人员依法告知了当事人有接受调查和如实回答问题的法律义务和申请执法人员回避的权利。

下达交通违法行为通知书后，市运管处执法人员依法告知了当事人相关法律法规规章依据和《××市道路运输管理处行政处罚裁量权基准》中关于未取得道路运输从业人员从业资格证，驾驶道路货运车辆的处罚自由裁量权基准的相关内容以及陈述申辩的权利。

下达交通行政处罚决定书后，市运管处执法人员依法告知当事人如不服本处罚决定，可在接到本处罚决定之日起60日内依法向市交通运输局申请行政复议，或3个月内向人民法院起诉。

（一）从业资格管理

道路运输从业人员是指经营性道路客货运输驾驶员、道路危险货物运输从业人员、机动车维修技术人员、机动车驾驶培训教练员、道路运输经理人和其他道路运输从业人员。

国家对道路运输从业人员实行从业资格考试制度。

从业资格是对道路运输从业人员所从事的特定岗位职业素质的基本评价。

经营性道路客货运输驾驶员和道路危险货物运输从业人员必须取得相应从业资格，方可从事相应的道路运输活动。

机动车维修技术人员、机动车驾驶培训教练员取得从业资格的比例分别是相关经营者依法获取机动车维修和机动车驾驶员培训经营许可的必要条件之一。

（二）从业资格证件管理

从业资格证件分为《中华人民共和国道路运输从业人员从业资格证》、《中华人民共和国机动车驾驶培训教练员证》两种。

（1）道路运输从业人员从业资格证件全国通用。其中，出租汽车驾驶员到从业资格证发证机关核定的范围外从事出租汽车客运服务的，应当参加当地的区域科目考试。区域科目考试合格的，由当地设区的市级道路运输管理机构核发从业资格证。

（2）道路运输从业人员从业资格证件有效期为6年。道路运输从业人员应当自从业资格证件有效期届满30日前到原发证机关办理换证手续。

（3）已获得从业资格证件的人员需要增加从业资格类别的，应当向原发证机关提出申请，并按照规定参加相应培训和考试。

（4）道路运输从业人员从业资格证件遗失、毁损、污损的，应当到原发证机关办理证件补发(换发)手续。

（5）道路运输从业人员服务单位变更的，应当到交通运输主管部门或者道路运输管理机构办理从业资格证件变更手续。

二、从业行为管理

案例链接

持普通货物运输从业证从事危险货物运输处罚案

一、案件介绍

2012年7月19日，某县交通运政管理所在一检查站检查一辆危险货物运输车辆时，发现该车挂靠于一家危险货物运输公司，但驾驶员金某所持有的从业资格证类别是道路货物运输驾驶员从业资格证。执法人员经过现场调查取证，查实金某车厢内载有90瓶已灌装满的液化气，后经执法人员制作询问笔录，认定金某未取得道路危险货物运输从业资格证，擅自从事道路危险货物运输。根据《道路危险货物运输管理规定》第六十四条的规定，暂扣了该车，下达了《车辆暂扣凭证》，并于2012年7月20日下达了《交通违法行为通知书》，告知了拟给予的行政处罚及当事人陈述、申辩和要求听证的权利。

在规定的期限内，金某未提出听证要求，并按规定的时间到指定地点接受处理，县交通运政管理所根据当事人提交的减轻处罚申请书和家庭经济困难等情况，经所务会讨论决定，对当事人作出罚款的行政处罚决定，县交通运政管理所根据《中华人民共和国行政处罚法》第二十七条第一款第一项之规定，于2012年7月22日向金某下达了《交通行政处罚决定书》，决定给予金某减轻处罚罚款人民币8000元。金某服从县交通运政管理所作出的行政处罚决定，未向有关部门提起行政复议或向人民法院提起诉讼。

二．法律适用

《道路危险货物运输管理规定》

第六十四条　违反本规定，道路危险货物运输企业或者单位以及托运人有下列情形之一的，由县级以上道路运输管理机构责令改正，并处5万元以上10万元以下的罚款，拒不改正的，责令停产停业整顿；构成犯罪的，依法追究刑事责任：

（1）驾驶人员、装卸管理人员、押运人员未取得从业资格上岗作业的；

（2）托运人不向承运人说明所托运的危险化学品的种类、数量、危险特性以及发生危险情况的应急处置措施，或者未按照国家有关规定对所托运的危险化学品妥善包装并在外包装上设置相应标志的；

（3）未根据危险化学品的危险特性采取相应的安全防护措施，或者未配备必要的防护用品和应急救援器材的；

（4）运输危险化学品需要添加抑制剂或者稳定剂，托运人未添加或者未将有关情况告知承运人的。

《中华人民共和国行政处罚法》

第二十七条　当事人有下列情形之一的，应当依法从轻或者减轻行政处罚：

（1）主动消除或者减轻违法行为危害后果的；

（2）受他人胁迫有违法行为的；

（3）配合行政机关查处违法行为有立功表现的；

（4）其他依法从轻或者减轻行政处罚的。

违法行为轻微并及时纠正，没有造成危害后果的不予行政处罚。

三、案件分析

该案件中，县交通运政管理所执法人员在路检路查中着统一制服，佩戴统一的交通行政执法证件，有3名以上执法人员在场，执法程序合法，现场对当事人询问制作笔录，书证已经当事人确认无误签字并加盖了手印；执法人员对涉事车辆及所载的货物（液化气）进行了拍照保存；在认定违法事实后，暂扣了该车，并下达了《车辆暂扣凭证》和《违法行为通知书》，告知了当事人所享有的权利。当事人在接到《违法行为通知书》后，经确认并已在《文书送达回证》上签字，在规定的期限内未提起组织听证、陈述或申辩，且案件中附有当事人对该违法行为的书面认识和减轻处罚申请书，当事人身份证复印件，该车道路运输证及当事人从业资格证复印件、照片。县道路运输管理所于2012年7月23日作出了行政处罚，下达了《行政处罚决定书》。当事人收到《行政处罚决定书》后,经确认并在《文书送达回证》上签字，对县交通运政管理所作出的行政处罚无异议，在法律规定的期限内未提起行政复议和行政诉讼。县交通运政管理所已于2012年7月23日解除了对被扣车辆的行政强制措施，并出具了《解除行政强制措施通知书》，该案件终结。

出租汽车拒载被罚，法院称处罚合理

一、案件介绍

2012年5月16日，出租汽车驾驶员王某驾驶出租汽车处于空车待租状态，行至一医院门前，有乘客欲租车回家。王某认为目的地偏远，便未搭载该名乘客，王某拒载的行为被在此执法的市交通局行政执法支队工作人员当场查获。行政执法人员认为，王某有空车待租拒载行为，根据《××市客运出租汽车管理办法》的规定，市交通局行政执法支队于6月18日作出行政处罚决定书，作出对王某罚款1000元、暂扣出租汽车驾驶员从业资格证1个月的处罚决定。

王某认为根据《出租汽车驾驶员从业资格管理规定》第四十三的规定：拒载、议价、途中甩客或者故意绕道行驶的，由县级以上道路运输管理机构责令改正，并处50元以上200元以下的罚款。而市交通局行政执法支队却对其作出罚款1000元、暂扣出租汽车驾驶员从业资格证1个月的处罚，王某遂以处罚过重为由，对市交通局行政执法支队提起行政诉讼。该市中级人民法院对这起当地首例出租汽车拒载被罚状告执法者案进行了开庭审理。

市交通局行政执法支队称，对王某的处罚依据是2011年12月1日起施行的《××市客运出租汽车管理办法》。根据该规定，拒载的司机要处以1000元以上3000元以下的罚款。情节严重的，可以暂扣驾驶员从业资格证1至6个月。情节特别严重的，可以取消驾驶员从业资格。而在早晚高峰时段拒载的出租汽车，管理部门都将按照上限进行处罚。王某则称出租汽车驾驶员的违法行为应该按照《出租汽车驾驶员从业资格管理规定》的规定进行处罚，认为市交通局行政执法支队“处罚依据不当”，请求法院判令撤销原处罚决定。

二、案件分析

本案的一个关键点就是违法行为的法律适用问题，本案中关于拒载行为的处罚，《出租汽车驾驶员从业资格管理规定》第四十三条与《××市客运出租汽车管理办法》第三十三条都有规定，驾驶员王某主张本案应根据处罚从轻原则，适用《出租汽车驾驶员从业资格管理规定》，市交通局行政执法支队主张本案应适用《××市客运出租汽车管理办法》。

法院认为，《××市客运出租汽车管理办法》是该市人民政府针对本行政区域内的出租汽车管理事项作出的具体规定，属地方政府规章。而《出租汽车驾驶员从业资格管理规定》属于部门规章。根据最高人民法院《关于审理行政案件适用法律规范问题的座谈会纪要》第二条(四)项之规定，地方政府规章对属于本行政区域的具体行政管理事项作出的规定，应当优先适用，故本案适用《××市客运出租汽车管理办法》。为此，法院支持市交通局行政执法支队对出租汽车拒载的处罚，认为市交通局行政执法支队执法适当，处罚合理，驳回原告的诉讼请求。

部门规章是由国务院的部、委员会和直属机构依照法律、行政法规或国务院的授权制定的在全国范围内实施行政管理的规范性文件。地方政府规章是由有地方性法规制定权的地方人民政府依照法律、行政法规、地方性法规或本级人民代表大会或其常务委员会授权制定的在本行政区域实施行政管理的规范性文件。对于这两者的法律效力和适用问题，我国《立法法》第九十一条规定：部门规章之间、部门规章与地方政府规章之间具有同等效力，在各自的权限范围内施行。第九十五条第三项规定：部门规章之间、部门规章与地方政府规章之间对同一事项的规定不一致时，由国务院裁决。所以，对于这样的问题，在行政执法中行政执法机构可以上报至国务院，由国务院来裁决。本案中，此问题进入司法审理程序，审理法院可以根据最高人民法院《关于审理行政案件适用法律规范问题的座谈会纪要》的规定来处理这一问题。

道路运输管理机构应当加强对道路运输从业人员从业行为的监督与管理，督促道路运输从业人员遵守以下规定。

（1）在从业资格证件许可的范围内从事道路运输活动。

（2）从事道路运输活动时，携带相应的从业资格证件，遵守国家相关法规和道路运输安全操作规程，不违法经营、违章作业。

（3）道路危险货物运输驾驶员除可以驾驶道路危险货物运输车辆外，还可以驾驶原从业资格证件许可的道路旅客运输车辆或者道路货物运输车辆。

（4）经营性道路旅客运输驾驶员和道路危险货物运输驾驶员按照规定填写行车日志。

（5）道路危险货物运输驾驶员按照道路交通安全主管部门指定的行车时间和路线运

输危险货物。

（6）道路危险货物运输装卸管理人员按照安全作业规程对道路危险货物装卸作业进行现场监督，确保装卸安全。

（7）道路危险货物运输押运人员对道路危险货物运输进行全程监管。

（8）道路危险货物运输从业人员严格按照《汽车运输危险货物规则》(JT 617)，《汽车运输、装卸危险货物作业规程》(JT 618)操作，不得违章作业。

（9）在道路危险货物运输过程中发生燃烧、爆炸、污染、中毒或者被盗、丢失、流散、泄漏等事故时，道路危险货物运输驾驶员、押运人员立即向当地公安部门和所在运输企业或者单位报告，说明事故情况、危险货物品名和特性，并采取一切可能的警示措施和应急措施，积极配合有关部门进行处置。

（10）承担放射性物品道路运输承担的驾驶人员、装卸管理人员和押运人员应当按照托运人所提供的资料了解所运输的放射性物品的性质、危害特性、包装物或者容器的使用要求、装卸要求以及发生突发事件故时的处置措施。

（11）放射性物品运输中发生核与辐射事故的，承运人、托运人应当按照核与辐射事故应急响应指南的要求，结合本企业安全生产应急预案的有关内容，做好事故应急工作，并立即报告事故发生地的县级以上人民政府环境保护主管部门。

（12）出租汽车驾驶员在运营过程中，应当遵纪守法、文明行车、优质服务。出租汽车驾驶员不得有拒载、议价、途中甩客、故意绕道行驶等行为。

（13）道路运输经理人应当恪守职业道德，接受继续教育，不断提高自身职业素养和企业经营管理水平。在道路运输企业经营管理活动中，应当依法经营、保证质量，并承担相应责任。

（14）机动车维修技术人员按照维修规范和程序作业，不擅自扩大维修项目，不使用假冒伪劣配件，不擅自改装机动车，不承修已报废的机动车，不利用配件拼装机动车。

（15）机动车驾驶培训教练员按照全国统一的培训大纲实施教学，规范填写教学日志和培训记录，不擅自减少学时和培训内容。

（16）1000公里以上的跨省长途客运车辆凌晨2时至5时停止运行或实行接驳运输。

（17）客运驾驶人24小时累计驾驶时间原则上不超过8小时，日间连续驾驶不超过4小时，夜间连续驾驶不超过2小时，每次停车休息时间不少于20分钟。

（18）道路运输驾驶员、出租汽车驾驶员、教练员不得对安装在车辆上的卫星定位装置等进行屏蔽和随意切断，保证在行车过程中有效运行。

（19）道路客运驾驶员要提醒乘客正确使用安全带。

??? 课后思考题

案例1:

一天，某运管所执法人员在辖区国道一路口处执法，发现一辆大货车有违章嫌疑，于是示意该车司机张某停车接受检查。经检查发现张某正为某公司运输钢材，而张某的驾驶证准驾车型为小汽车，且没有有关货运法律法规、机动车维修和货物装载保管基本知识考试合格的证明或证书。执法人员按规定程序调查取证后，给张某开具了交通行政处罚通知书。

请问：该运管所执法人员的执法行为是否合法？

答：合法。《中华人民共和国道路运输条例》第二十二条规定，从事货运经营的驾驶人员，应当符合下列条件：

（1）取得相应的机动车驾驶证；

（2）年龄不超过60周岁；

（3）经设区的市级道路运输管理机构对有关货运法律法规、机动车维修和货物装载保管基本知识考试合格。

《中华人民共和国道路运输条例》第六十四条规定，不符合规定条件的人员驾驶道路运输经营车辆的，由县级以上道路运输管理机构责令改正，处200元以上2000元以下的罚款；构成犯罪的，依法追究刑事责任。认为应当给予行政处罚的，交通管理部门应当制作《交通违法行为通知书》，并送达当事人。

案例2：

王小姐准备搭乘一辆正在某站点候客的营运中巴回家，由于车内卫生环境不良，王小姐决定不乘坐此车，于是准备下车，但该车售票员不同意，还让驾驶员关闭车门不让王小姐下车。当地运管所接到王小姐的手机投诉后及时赶到现场，发现投诉情况属实。

请问：现场执法人员对该客运经营者的行为应如何处理？

答：案例中客运经营者的行为属于以暴力招揽旅客。根据《道路旅客运输及客运站管理规定》第九十条规定，客运经营者有下列情形之一的，由县级以上道路运输管理机构责令改正，处1000元以上3000元以下的罚款；情节严重的，由原许可机关吊销《道路运输经营许可证》或者吊销相应的经营范围：

（1）客运班车不按批准的客运站点停靠或者不按规定的线路、班次行驶的；

（2）加班车、顶班车、接驳车无正当理由不按原正班车的线路、站点、班次行驶的；

（3）客运包车未持有效的包车客运标志牌进行经营的，不按照包车客运标志牌载明的事项运行的，线路两端均不在车籍所在地的，按班车模式定点定线运营的，招揽包车合同以外的旅客乘车的；

（4）以欺骗、暴力等手段招揽旅客的；

（5）在旅客运输途中擅自变更运输车辆或者将旅客移交他人运输的；

（6）未报告原许可机关，擅自终止道路客运经营的。

本案中客运经营者的行为属于以上第四条所指的行为，执法人员可以按照《道路旅客运输及客运站管理规定》第九十条的规定对其进行处罚。

附录　道路运输行政执法文书制作范例

现场笔录

<table>
<tr><td>执法时间</td><td>2014.6.10</td><td colspan="2">执法地点</td><td colspan="2">××市高速公路出口</td></tr>
<tr><td rowspan="2">执法人员</td><td>张×</td><td rowspan="2">证件号码</td><td>0011</td><td rowspan="2">记录人</td><td rowspan="2">张×</td></tr>
<tr><td>王×</td><td>0013</td></tr>
<tr><td rowspan="4">现场人员
基本情况</td><td>姓名</td><td colspan="2">赵××</td><td>性别</td><td>男</td></tr>
<tr><td>身份证号码</td><td colspan="2">××××××××</td><td>与案件关系</td><td>被查车辆驾驶员</td></tr>
<tr><td>单位</td><td colspan="2">××市××汽配商行</td><td>联系电话</td><td>××××××××</td></tr>
<tr><td>地址</td><td colspan="4">××市××街××号</td></tr>
<tr><td rowspan="3">主要内容</td><td colspan="5">2014年6月10日上午10时，在××市高速公路出口检查时，发现厢式货车辽A×××××拉运汽车配件运往B市。经询问，此车车主承认装运的汽车配件是送往B市的客户，客户购买配件后为其免费提供送货服务，现场经查该车无道路运输证，也无法提供其他有效证明文件。当即询问笔录，并经现场当事人分别签字确认所录内容。现场摄录了询问的全过程。
上述笔录我已看过（或已向我宣读过），情况属实无误。

现场人员签名：赵××　　　　2014.6.10</td></tr>
<tr><td colspan="5">执法人员签字：张×　　王×　　　　2014.6.10</td></tr>
<tr><td colspan="5">备注：</td></tr>
</table>

填写主要内容这一项时，不要出现对案件定性的语言，以本案为例，即不可出现“无道路运输经营许可，擅自从事道路运输经营”的直接定性语言

行政强制措施审批表

×交运　强审字【2014】007号

<table>
<tr><td>案由</td><td colspan="7">辽A×××××涉嫌未取得道路货物运输经营许可擅自从事道路货物运输经营案</td></tr>
<tr><td rowspan="4">当事人基本情况</td><td rowspan="2">公民</td><td>姓名</td><td>赵××</td><td>性别</td><td>男</td><td>年龄</td><td>35</td></tr>
<tr><td>地址</td><td>××市××街××号</td><td>身份证号码</td><td>××××××</td><td>联系电话</td><td>××××××</td></tr>
<tr><td rowspan="2">法人或其他组织</td><td>名称</td><td colspan="2"></td><td>法定代表人</td><td colspan="2"></td></tr>
<tr><td>地址</td><td colspan="2"></td><td>联系电话</td><td colspan="2"></td></tr>
<tr><td>事实及拟采取的行政强制措施</td><td colspan="7">2014年6月10日上午10时，在××市高速公路出口检查时，发现厢式货车辽A×××××拉运汽车配件运往B市。经现场检查该车无道路运输证，也无法提供其他有效证明文件，拟对其采取暂扣的强制措施。

执法人员签字：张×　王×　2014.6.10</td></tr>
<tr><td>单位领导审批意见</td><td colspan="7">同意

签名：×××
2014.6.10</td></tr>
</table>

注：紧急情况，需要当场采取强制措施的，在二十四小时内报主管领导，补办审批手续。

注意：此项不是填写驾驶员情况，而是车辆所有人情况。如经查车辆所属是个人，就填写“公民”这一栏；经查车辆是法人或其他组织所有，就填写“法人或其他组织”这一栏，两项不可同时填写

对于改装车辆适用“拟对其采取证据登记保存”强制措施

询问笔录

时间：2014年6月10日上午10时25分至40分，第1次询问。

地点：××市高速公路出口检查站

询问人：张×　　王×　　　　　　　记录人：王×

被询问人：赵××　　　　　　　　　性别：男

问：（执法人员出示执法证，表明身份）我们是××省交通厅运输管理局执法人员，这是我们的行政执法证件，请你过目。你看清楚了吗？

答：看清楚了。

问：现在就有关问题对你进行询问，请你如实回答。如果回答不符合事实，应当承担相应的法律责任，你听清楚了吗？

答：听清楚了。

问：你的姓名、年龄、所在单位、职务、家庭住址及邮编、联系电话。

答：赵××，35岁。自己经营一个汽车配件商行，名为××市××汽配商行，地址是××市××街××号，邮编是××××，电话是××××××。

问：你有要求在场执法人员回避的权利，是否要求回避？

答：不要求回避。

注意：要体现当事人回避权利

问：请说明该车车型及车牌号。

答：该车车型是厢式货车，车牌是辽A×××××。

问：你与该车是什么关系？

答：该车是我商行的车，我就是车主。

问：你车上装的是什么货物？

答：车上装的是汽车配件。

问：车上配件是在哪里装车，要运到什么地方？

答：车上配件是在A市我商行装的车，要运到B市。

问：这是为谁运送的配件？

答：这是为B市的客户运送的。

问：运送这一次货收取多少运费？

答：因客户是在我商行购的货，所以这次运送是免费的。

问：是否能提供客户订货凭证？

答：可以。

问：此车平时用途是什么？

答：我购买此车，用途一是进货，二是为客户免费送货。

问：此车已购置多长时间？

答：一个多月。

询问中要明确体现货物、运送起止地、运费、营运时间等事实，以确保证据的充分

问：此车是否有道路运输证？（或者“请出示此车的道路运输证。”）

答：没有。（或者“未办理道路运输证。”）

问：是否能提供其他从事道路运输经营的合法证件？

答：不能。

问：为什么不办理道路货物运输经营许可？

答：不知道我这种情况需要办理道路货物运输经营许可。

被询问人签字以上所录如实：赵××　　　　　　　2014年6月10日

暂扣证

案号：×交运 扣字【2014】第0012号

业户名称：××市××汽配商行　　　　　　联系电话：××××××

驾驶员姓名：赵××　　　　车型：厢式货车　　　车牌号：辽A×××××

通信地址：××市××街××号　　　　　　　邮政编码：××××××

> 根据暂扣行为和车辆类型，选择适用的法律法规依据

我单位在实施道路运输检查时发现，你（单位）辽A×××××号厢式货车无道路运输证从事道路货物运输经营，且无法当场提供其他合法有效证明，依据

☑《中华人民共和国道路运输条例》第六十三条、□《××省道路运输管理条例》第五十条规定，决定暂扣你（单位）车辆（设备、工具），请在七日内到我单位接受处理，逾期不接受处理的，道路运输管理机构可以依法作出处罚决定；无正当理由逾期不履行处罚决定的，将申请人民法院强制执行，或者依法拍卖暂扣车辆（设备、工具）。

当事人对暂扣车辆（设备、工具）的决定不服的，可根据《中华人民共和国行政复议法》或者《中华人民共和国行政诉讼法》，在接到本暂扣证之日起60日内向省交通厅或省人民政府申请行政复议，或者在三个月内向××市××区人民法院提起诉讼。

> 复议机关应填写上级主管机关或同级人民政府

车辆简况

轮胎 良 　车灯 良 　玻璃 完好 　后视镜 完好 　门锁 完好

车上其他设备及货物名称、数量 汽车配件五箱 　备注

设备、工具简况

设备、工具名称	生产厂家	型号	数量	备注

执法人员签名：张×　　　执法证号：0011

王×　　　0013

当事人签名：赵××

道路运输管理机构（印章）

2014年6月10日

道路运输管理机构地址：××市××街××号

联系电话：××××××

1. 适用的法律法规依据，“参照”一栏根据违法违规类型不同，须填写对应的自由裁量标准项目

2. 拟给予的罚款数额须对应相应的自由裁量标准，并用大写数字

违法行为通知书

案号：×交运 罚字【2014】第0022号

××市××汽配商行：

经调查和审理，本机关认为你（单位）涉嫌未取得道路货物运输经营许可，擅自用车牌号为辽A×××××的厢式货车从事道路货物运输经营的行为违法事实清楚，依据《中华人民共和国道路运输条例》第六十三条规定，并参照《××省道路货物运输行政处罚自由裁量权指导标准》第1项，拟给予罚款叁万元的行政处罚。

根据《中华人民共和国行政处罚法》第三十一条、第三十二条的规定，你（单位）如对该处罚有异议，可在接到本通知之日起三日内向本机关提起陈述申辩；逾期未提出陈述或申辩，视为你（单位）放弃陈述或申辩的权利。

根据《中华人民共和国行政处罚法》第四十二条的规定，你（单位）有权在收到本通知书之日起三日内向本机关要求举行听证；逾期不要求举行听证的，视为你（单位）放弃听证的权利。

当事人签名：赵××

道路运输管理机构（印章）

2014年6月10日

道路运输管理机构地址：××市××街××号

联系人：张×　　　王×

联系电话：××××××

行政处罚文书送达回证

案号：×交运 罚字【2014】第0022号

案由：未取得道路货物运输经营许可擅自从事道路货物运输经营				
送达单位	××省交通厅运输管理局			
受送达人	赵××		代收人	
送达文书名称	**送达人**	**送达地点**	**送达日期**	**收到人签名**
暂扣证	张×	××省交通厅运输管理局	2014.6.17	×××
违法行为通知书	张×	××省交通厅运输管理局	2014.6.17	×××
备注：				

暂扣车辆的应送达《暂扣证》、《通知书》；登记保存车辆的送达《待理证》、《保存清单》、《通知书》

注：1. 如受送达人不在场的，可交其同住的成年家属签收，并在备注栏里写明与受送达人的关系。

2. 受送达人已指定代收人的，交代收人签收；代收人是单位的，交单位收发室签收。

3. 受送达人拒绝签收的，送达人应当邀请有关基层组织的代表或其他人员在场，说明情况，并在备注栏中写明拒 收事实和日期，送达人在备注栏内签字。

证据登记保存清单

案号：×交运 罚字【2014】第0025号

注意：此项不是填写驾驶员情况，而是车辆所有人情况。如经查车辆所属是个人，就填写"公民"这一栏；经查车辆是法人或其他组织所有，就填写"法人或其他组织"这一栏，两项不可同时填写

当事人					
	公民	姓名		身份证号码	
		电话		职业	
		住址			
	法人或其他组织	名称	××市××汽配商行		
		地址	××市××街××号		
		法定代表人	许××		
		联系电话	××××××		

空白处应用斜线划掉

根据《中华人民共和国行政处罚法》第三十七条第二款的规定，需对你（单位）下列物品登记保存，在7日内当事人或有关人员不得销毁或转移，请你 2014 年 6 月 17 日前到 ××省交通厅运输管理局稽查处 接受处理。

证据名称只能是车辆，而不能把营运证件填进去；暂扣证件不属于行政强制措施，所以不能填写在证据保存清单里

序号	证据名称	规格	数量	登记保存地点	备注
1	辽A×××××厢式货车	辆	1	××停车场	

被取证人或其代理人签字：赵×× 时间：2014年6月10日

执法人员签名 ：张× 执法证号：0011

王× 0013

道路运输管理机构（印章）

2014年6月10日